목차

구약

- 서문
- 삼단계 질문식 성경 공부
- 제1과 하나님이 세상을 만드셨어요
- 제2과 에덴동산의 아담과 하와
- 제3과 노아의 방주
- 제4과 아브라함을 부르신 하나님
- 제5과 소돔과 고모라
- 제6과 하나님께 이삭을 바친 아브라함
- 제7과 천사와 씨름한 야곱
- 제8과 이집트로 간 요셉
- 제9과 이집트의 총리가 된 요셉
- 제10과 형들을 용서한 요셉
- 제11과 모세를 부르신 하나님
- 제12과 홍해를 가르신 하나님
- 제13과 만나와 메추라기
- 제14과 열두 명의 정탐꾼
- 제15과 여리고 성이 무너졌어요
- 제16과 삼손과 드릴라
- 제17과 하나님을 붙잡은 룻
- 제18과 사무엘을 부르신 하나님
- 제19과 이스라엘의 첫 번째 왕, 사울
- 제20과 골리앗을 이긴 다윗
- 제21과 이스라엘의 왕이 된 다윗
- 제22과 다윗 왕과 밧세바
- 제23과 지혜로운 왕 솔로몬
- 제24과 둘로 나뉘어버린 이스라엘
- 제25과 하나님의 선지자 엘리야
- 제26과 하나님의 말씀을 어긴 요나
- 제27과 포로로 잡혀간 이스라엘
- 제28과 믿음이 깊은 욥의 이야기
- 제29과 하나님께 순종한 다니엘
- 제30과 믿음의 여인 에스더

신약

- 제1과 예수님의 탄생
- 제2과 마귀에게 시험을 받으신 예수님
- 제3과 예수님의 첫 번째 기적
- 제4과 성전에서 화를 내신 예수님
- 제5과 중풍병자를 고치신 예수님
- 제6과 세리 마태를 부르신 예수님
- 제7과 잠잠하게 하신 예수님
- 제8과 야이로와 겉옷을 만진 여인
- 제9과 선한 사마리아인 이야기
- 제10과 실로암 샘물에서 씻어라
- 제11과 두 아들의 아버지 이야기
- 제12과 나사로야 일어나라
- 제13과 변화된 삭개오
- 제14과 예수님의 세 가지 비유
- 제15과 십자가에 못 박히신 예수님
- 제16과 부활하신 예수님
- 제17과 제자의 삶
- 제18과 복음이 전파되었어요
- 제19과 새사람이 된 바울
- 제20과 베드로와 고넬료
- 제21과 간수의 가족을 전도한 바울과 실라
- 제22과 새 하늘과 새 땅

무엇이라 기록되었으며
네가 어떻게 읽느냐

누가복음 10장 26절

삼단계 질문식 성경공부의 과정은 크게 주께 향하기, 주께 배우기, 주 따르기이다. 주께 향하기에서는 우리의 마음을 주님께 향함으로서 하나님의 말씀을 듣고 배울 준비를 하는 것이고, 주께 배우기에서는 하나님의 말씀에 대한 이해와 공감과 참여를 위한 세 가지 질문을 함으로 말씀을 듣고 배우는 단계이고, 주 따르기에서는 배운 하나님의 말씀을 기억하고 순종하도록 다짐하고 격려하는 것이다.

서문

어린 시절에 교회가 없는 곳에서 자라다 보니 예수님에 대해 거의 듣지를 못했다. 여고 시절에 "교회 가자"는 친구의 말에 말은 못 했지만, 마음속으로 '나를 믿으면 믿었지 하나님은 믿고 싶지 않아!'라고 말하고 싶었다. 그러나 스무 살이 되던 1980년에 광주민주화운동을 만난 후 내 발로 교회를 찾아갔다. 믿을 수 있는 것은 나 자신이 아닌 하나님뿐이라는 생각을 했기 때문이다.

내가 찾아간 교회는 아주 작은 교회로 아이들은 많은데 교사가 부족한 개척교회였다. 초등교사 출신이신 담임 목사님은 나에게 "자매님은 앞으로 학교 교사가 될 사람이니까 주일학교 교사를 해보라."고 권유하셨다. "목사님! 저는 아무것도 몰라요."라고 했더니 목사님은 "순종하면 된다."고 말씀하셨다. 교회 출석한 지 겨우 한 달 만에 순종하는 마음으로 주일학교 교사가 된 것이다.

처음 주일학교 공과를 준비하는데 도무지 무엇을 해야 할지 알 수가 없었다. 가장 어려웠던 것은 하나님의 독생자가 예수님이라고 하고, 또 예수님이 하나님이라고 했다. 삼위일체 하나님을 모르는 나로서는 정말 이해하기 어려웠다. 그러나 긴 세월 주일학교 교사를 하면서 공과를 준비하고 가르치는 과정에서 성경을 배우고, 주님을 만나고, 하나님의 사랑을 알게 되었다.

초등학교에서 교사 생활을 하는 동안 맡은 아이들에게 예수님을 소개하고, 믿음을 가진 아이들에게는 삶 속에서 말씀을 실천하게 했다. 월요일이면 아이들에게 주일 날 무슨 말씀을 배웠는지 묻는다. 그런데 안타깝게도 아이들은 주일날 들은 설교 말씀이나 공과 내용을 잘 알지 못하고, 겨우 공과에 나온 인물 이름이나 제목을 말하는 정도였다. 왜일까? 많은 고민을 했다. 결국 학습이론을 가지고 문제 해결 방법을 찾게 되었다.

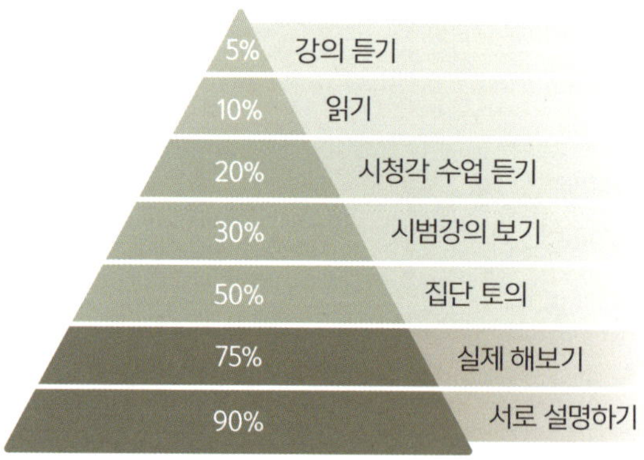

학습 효율성 피라미드

*(출처 NTL National Trainig Laboratories)

학습이론에 따르면 강의를 들으면 5%, 글을 읽으면 10%, 시청각 수업을 받으면 20%, 시범 강의를 보면 30%, 집단 토의를 하면 50%를 각각 기억한다고 한다. 그러나 실제로 참여해서 배우면 75%를, 그리고 서로 설명하기를 하면 90%를 기억한다고 한다. 그러고 보니 그동안 우리 주일학교의 교육은 강의, 읽기, 시청각 수업, 시범 강의에 집중되지 않았던가? 그렇다면 우리 아이들이 성경을 잘 배우고 오래 기억하며 순종할 수 있는 방법으로 교육해보자.

그래서 학교에서 담임을 맡았던 아이들 10명을 매주 토요일에 집에 초대하여 성경공부를 하게 되었다. 두 가지 방법으로 나누어서 공부하였는데 실제로 참여해서 배우면 75% 이상 기억한다는 질문학습법과 서로 설명하기 방법으로 하면 90%를 기억한다는 성경공부 학습법을 시도하여 보았다. 또한, 학교에서도 어린이들에게 질문학습법과 서로 설명하기 학습법을 적용하여 가르쳤다. 어린이들이 직접 질문을 만들고, 스스로 답을 찾고, 자신의 의견을 나누었다. 자신들이 배운 것을 친구들에게 설명까지 하니 자연스럽게 성경 내용을 기억하게 되고 삶에 적용하려는 모습이 보였다. 그래서 나는 꿈을 꾸며 하나님께 기도하기 시작했다. 언젠가는 우리 다음 세대를 위한 성경공부 교재를 만들 수 있기를……. 그러던 중 올 초에 우연한 계기로 "비전코람데오 출판사" 김영란 대표를 만났다. 김 대표님은 현재 출판사에서 편집하고 있는 주일학교 공과를 나에게 보여주었다. 나는 현재 시중에 일반적으로 쓰이고 있는 여러 가지 공과교재가 가지는 한계점에 대해 안타까움을 이야기하면서 품고 있던 소망을 말했다. 그러자 김 대표님은 내가 꿈꾸던 책을 한번 만들자고 제안하였고 이것이 동기가 되어 지금의 성경공부 책을 만들게 되었다. 성경공부 책을 만드는 과정에서 신약학을 가르치는 남편인 배종열 교수의 지도를 받으며 『성경이 나에게 말해요』를 완성하게 되었다.

『성경이 나에게 말해요』는 교회와 학교의 교육 현장에서 얻은 경험으로 만든 책이다. 배종열 교수는 교회에서 담임목사로 목회 활동을 하였고, 신학대학원에서 신약학을 수년간 가르쳐왔다. 나는 주일학교에서 어린이들에게 성경을 가르쳤고, 30여 년 동안 초등학교에서 어린이들을 교육하고 있다.

『성경이 나에게 말해요』는 몇 가정에서 가정 예배의 성경공부 교재로 시범적으로 사용을 하여 보았다. 질문을 만들고 질문을 나누며 성경을 배우면서 자녀들이 즐겁게 성경공부에 참여하여 예전에 미처 발견하지 못했던 성경 내용을 알게 되고, 자녀들의 신앙 상태를 파악하고, 가족들이 자연스럽게 대화를 할 수 있었다. 또한, 학교의 신우회 선생님들도 성경공부 교재로 『성경이 나에게 말해요』를 사용했다. 선생님들은 각자 성경공부를 예습하고 모임에서 성경공부를 하니, 한 시간이지만 말씀을 충분히 나눌 수 있고, 질문으로 성경을 배우다 보니 미처 발견하지 못했던 성경 내용을 깨닫게 되었고 성경 내용을 확실히 알게 되었다고 하였다.

책이 나오기까지 도움을 주셨던 "비전코람데오 출판사" 와 보이지 않는 곳에서 기도하고 조언을 주었던 많은 분과 강욱중, 권경희, 김민자, 문진아, 박은정, 박효순, 백승란, 백지영, 윤미, 임지은, 조동희 선생님들과 박수한, 김선영, 박예주, 박에셀 그리고 함께 공부했던 아들 배주형, 배의현에게 감사를 드린다.

김재숙

삼단계 질문식 성경공부

삼단계 질문식 성경공부의 과정은 크게 주께 향하기, 주께 배우기, 주 따르기이다. 주께 향하기에서는 우리의 마음을 주님께 향함으로서 하나님의 말씀을 듣고 배울 준비를 하는 것이고, 주께 배우기에서는 하나님의 말씀에 대한 이해와 공감과 참여를 위한 세 가지 질문을 함으로 말씀을 듣고 배우는 단계이고, 주 따르기에서는 배운 하나님의 말씀을 기억하고 순종하도록 다짐하고 격려하는 것이다.

1. 주께 향하기

주께 향하기는 기도하기, 일상생활 나누기, 본문 살펴보기가 있다.

첫째, 기도하기에서는 하나님께서 주시는 지혜로 하나님의 말씀을 잘 배우고 깨닫도록 그리고 하나님의 말씀에 순종하고, 행하도록 하나님의 도우심을 간절하게 기도한다. 되도록 짧고 분명하게 하는 것이 좋다.

<기도하기의 예>

우리의 삶 속에 항상 함께하신 주님 감사합니다. 하나님 말씀을 읽고 배우려 합니다. 지혜를 주셔서 잘 깨닫고 하나님의 말씀에 순종하게 해주세요. 주 예수 그리스도의 이름으로 기도합니다.

둘째, 일상생활 나누기에서는 일상 이야기와 기도 응답, 예수님 때문에 달라진 나 등 신앙과 관련된 것을 친구들과 소소한 이야기를 하는 것처럼 편한 마음으로 나누는 시간이다. 때로는 속상한 일, 실패한 일도 나눈다. 그래야 누구든지 꾸밈없이 자신의 부족한 모습도 이야기할 수 있고, 힘들고 어려운 일들도 이야기할 수 있다. 또 이야기를 통해 스트레스를 해소하고 살아갈 용기와 힘을 얻기도 한다. 주의할 것은 교사나 부모들은 잔소리하지 말고 힘이 되어주는 것이다. 응원하고 격려하고 잘못을 꾸중하지 않고, 누구나 그럴 수 있다고 품어주고 안아주어야 한다.

셋째, 본문 살펴보기에는 성경 내용 소개하기, 성경 읽기, 중요한 낱말을 찾기와 중요한 문장을 찾기가 있다.

1) 성경 내용 소개하기

성경 본문의 내용을 인도자(교사나 부모 등)가 안내한다. 너무 장황하고 길지 않으면서 성경을 잘 이해하도록 돕는다. 이를 위해서 교사나 부모는 먼저 본문의 성경을 잘 알고 있어야 한다. 스터디 바이블(예를 들면, NIV 스터디 바이블, ESV 스터디 바이블, 개혁주의 스터디 바이블 등)이나 누구나 무료로 볼 수 있는 주석(매튜 헨리 주석 보는 방법: 바이블25앱 → 성경지식인 → 성경연구 → 매튜핸리)은 큰 도움이 된다. 본문의 배경이나 지명, 단위 등도 알려 주면 좋다. 부모나 교사가 성경 내용을 잘 알아야 하는 이유는 성경 공부하면서 잘못된 길로 가지 않도록 안내를 해야 하기 때문이다. 오늘 배울 성경의 전반적인 내용과 공부의 방향을 안내하는데 5분 이상 되도록 넘어가지 않도록 한다.

<본문 안내의 예: 창세기 6:1-22>

사람이 땅에 많아졌다. 그런데 사람들의 죄악이 세상에 가득했고 마음으로 생각하는 모든 계획이 항상 악해서 하나님께서는 근심하시고 사람과 가축과 기는 것과 공중의 새까지 다 쓸어버리시기로 하셨다. 그러나 오직 노아는 의인이요 온전한 자로 하나님과 동행했다. 하나님께서는 노아와 노아의 가족을 살려주시려고 방주를 지으라고 하셨다. 노아는 하나님의 말씀을 따라 삼 층 방주를 만들었다. 노아의 가족 여덟 명과 모든 생물의 암수 한 쌍씩 네게로 나와 오리니 그 생명을 보존하라고 하셨다. 그리고 너와 그들이 먹을 양식을 저축하라는 하나님의 말씀대로 했다. 결국, 세상은 40일 동안 홍수로 잠기고 방주에 탔던 노아 가족과 생물만 살아남았다. 물이 150일 동안 땅에 가득했다. 하나님은 물을 줄게 하셨고 노아의 가족은 방주에서 나와 제단을 쌓고 하나님께 번제를 드렸다. 하나님께서 다시는 사람과 모든 생물을 홍수로 멸하지 않겠다는 언약을 세우시고 언약의 증거로 무지개를 보여주셨다.

※ 노아의 방주: 크기는 가로 140m, 세로 25m, 높이 14m, 용량 약 43,000t (아파트 한층 높이 2.8m ~3m 방주는 3층으로 되어있고 높이는 대략 아파트 5층 정도였음. 1규빗은 보통 어른의 가운데 손끝부터 팔꿈치까지의 길이로서 약 45cm임)

2) 성경 내용 소개하기

(1) 본문 읽기 방법

성경 본문 읽기는 2~3회 읽기, 역할극 읽기, 중요 낱말과 문장 찾기가 있다. 3회 읽기의 순서는 다음과 같다.

인도자(교사나 부모 등) 읽기 → 교독(인도자, 참가자[학생이나 가족 등]) → 혼자 읽기(소리 내지 않고 읽기, 주님과 함께 읽는 마음으로 힘을 주지 않고, 물 흐르듯이 빠르게 읽는다.)

성경을 3회 이상 읽으면 좋겠지만 읽는데 너무나 많은 시간을 할애할 수 없어서 2~3회 읽기를 하였다. 미리 한두 번 읽어오면 좋을 것 같다. 마지막 읽기를 할 때는 물 흐르듯이 빨리 읽는데 주님과 함께 읽는 마음으로 읽으면 좋다.

(2) 본문 역할극으로 읽기

역할극 읽기는 본문에 등장하는 인물들의 역할을 정하여 읽는 것이다. 그래서 등장인물의 마음을 느끼고, 이해한다. 또한, 역할을 바꿔 읽기도 하고, 실제로 행동하면서 읽기도 한다.

<본문 역할극의 예>

야이로: 주여, 제 어린 딸이 죽게 되었사오니 오셔서 살려주소서! (예수님 발아래 엎드리며)
예수님: 함께 가자
혈루증여인: (옷에 손을 대어도 구원을 받으리라 생각하며 예수님 뒤에서 옷에 손을 댐)
혈루증여인: 아! 내가 나았구나! (작은 소리로)
예수님: 누가 내 옷에 손을 대었느냐?
제자들: 무리가 많은데 누가 옷에 손을 대었는지 물으시나이까?
예수님: (옷을 만진 여인을 보려고 둘러보심)
혈루증여인: 12년 동안 혈루증을 고치려고 했지만 고치지 못했습니다. 지금 더 병이 심해진 상태입니다.
예수님의 옷자락에라도 손을 대면 구원을 받겠다는 믿음으로 옷을 만졌습니다. (두려워 떨면서)
예수님: 딸아 네 믿음이 너를 구원하였으니 평안히 가라 네 병에서 놓여 건강할지어다.
혈루증여인: 주여! 감사합니다.
회당장 집의 사람: 당신의 딸이 죽었나이다.
어찌하여 선생을 더 괴롭게 하나이까(회당장에게)
예수님: 두려워하지 말고 믿기만 하라(회당장 야이로에게)
예수님: 너희가 어찌하여 떠들며 우느냐 이 아이가 죽은 것이 아니라 잔다.
사람들 흥~~~(비웃음)
예수님: 달리다굼!(아이의 손을 잡고)
소녀: (일어나 걸음)
사람들: 와~! (놀람)
예수님: 아무도 알지 못하게 하라. 소녀에게 먹을 것을 주라.

3) 중요한 낱말을 찾기

성경 본문의 중요 낱말 찾기에서는 각자 성경 본문을 읽으며 중요한 낱말을 골라 적고, 그 낱말이 왜 중요하다고 생각했는지 이 야기를 나눈다. 중요 낱말에 관한 이야기만 나누어도 성경의 중요한 내용을 파악하거나 성경을 읽는 사람이 어떤 상태인지 파악하는 데 도움이 된다 중요 낱말을 사용한 빙고 놀이를 통해 성경공부에 흥미를 갖게 되고, 중요한 낱말을 마음에 심겨준다. 빙고 놀이는 다음과 같다.

첫째, 중요한 낱말을 9칸, 16칸에 적는다.

둘째, 돌아가며 중요한 낱말을 말한다.

셋째, 똑같은 낱말을 말하면 동그라미를 한다.

넷째, 가장 먼저 한 줄에 모두 동그라미가 되면 빙고를 외친다.

4) 중요한 문장을 찾기

성경 본문의 중요 문장 찾기에서는 중요 문장을 찾고 그 문장이 중요하다고 생각한 까닭을 나눈다. 성경 본문의 요절을 찾고 나누는 것으로 성경 본문의 갈 방향을 알게 하는 중요한 활동이다.

Ⅱ. 주께 배우기

주께 배우기는 질문형식으로 이해를 위한 질문, 공감을 위한 질문, 참여를 위한 질문이라는 세 단계로 이루어져 있다. 각 단계의 특징은 다음과 같다.

	본문 이해를 위한 질문	본문 공감을 위한 질문	본문 참여를 위한 질문
대상	성경 본문(하나님의 말씀)		
초점	본문에서		나/우리에게서
목적	본문의 가르침을 이해하기	본문의 가르침을 공감하기	본문의 가르침을 참여하기
방법	본문에 대한 사실, 중요 낱말, 문장을 찾아 파악하기	본문의 가르침에 관한 생각과 감정을 확인하고 확신하기	본문의 가르침을 나와 우리와 연관시키기
질문	~은 ~일까?	본문의 등장인물 혹은 수신인은 ~에서 어떠했을까?	만약에 내가 혹은 우리가 ~한다면 어떠할까? 만약에 본문의 등장인물이 나라면 어떠할까? 사건을 만난다면 어떻게 할까?

이해와 공감과 본문 참여를 위한 질문들에는 공통점이 있다. 그것은 모두 성경 본문을 중심으로 진행한다는 점이다. 이해도 성경 본문에 대한 이해요, 공감도 성경 본문에 대한 공감이요, 참여도 성경 본문에 참여하는 것이다. 또한, 초점을 기준으로 말하면, 이해와 공감의 초점은 성경 본문이고, 참여는 독자인 나/우리이다.

하지만 세 단계의 차이점을 말하면 다음과 같다. 첫째, 이해를 위한 질문 단계이다. 이 단계의 목적은 성경 본문의 가르침(교훈, 진리)을 파악하는 것이다. 이를 위해서 본문에 대한 사실, 본문의 중요 낱말, 본문의 중요 문장을 파악한다. 둘째, 공감을 위한 질문 단계이다. 이 단계의 목적은 첫째 단계에서 파악한 가르침을 확신하는 것이다. 이를 위해서 본문의 가르침에 관한 생각이나 감정을 공감한다. 셋째, 참여를 위한 질문 단계이다. 이 단계의 목적은 둘째 단계에서 공감한 가르침을 나/우리와 연관 지어 참여하는 것이다.

1) 본문 이해를 위한 질문

본문 이해를 위한 질문의 목적은 본문의 내용을 파악하는 것이다. 본문의 내용을 보고 자유롭게 질문을 만들도록 한다. 본문 이해를 위한 질문의 답은 본문에서 찾을 수 있다. 본문 이해를 위한 질문에서 핵심적인 중요한 질문은 하면 할수록 성경이 말하는 것을 잘 알 수 있어 학습 목표를 달성하기 쉽다. 처음에는 어렵지만 몇 번 공부하면 질문을 잘 만들게 되고 미처 깨닫지 못했던 것을 알게 되어 질문하는 즐거움도 생겨난다. 본문 이해를 위한 질문 수업 진행 방법은 다음과 같은 것이 있다.

첫째, 본문 이해를 위한 질문을 3 혹은 4개 만든다. 두 사람이 만든 질문을 주고받으며 답하기 한 사람이 질문하면 다 같이 답한다.

둘째, A4용지를 8칸으로 나누어서 본문 이해를 위한 질문을 써서 가운데에 뒤집어 놓은 후 돌아가며 한 장씩 가져와 문제를 읽고, 답을 말한 사람이 질문지를 가져간다. (게임식 공부법).

<본문 이해를 위한 질문의 예>
노아는 당대에 어떤 사람이었을까? (누구)
노아가 지은 방주의 재료는 무엇인가? (무엇)
하나님은 왜 노아에게 방주를 지으라고 했나요? (왜)

2) 본문 공감을 위한 질문

본문의 내용에 나오는 사람들의 생각과 느낌 질문을 통해 공감해 보고 본문을 읽고 함께 공부하는 사람 들의 생각과 느낌에 대한 물음으로 서로의 생각을 공감해 본다. 그러나 정답이 없고 사람마다 다른 답을 할 수 있다. 공감 질문 수업 진행 방법은 다음과 같다.

첫째, 생각, 느낌 질문을 2~3개 만들어 그중에서 하나를 선택해 생각이나 느낌을 쓴다. 선택한 질문을 주고받으며 생각을 나눈다.

둘째, 성경 인물에게 질문한다. 성경에 나오는 주인공에게 생각, 느낌을 질문하는 방법이다. 교사가 먼저 주인공이 되어 질문을 받아 보고, 다음에는 자녀나, 학생들이 주인공이 되어서 질문을 받고 주인공의 마음으로 대답해보는 방법이다.

<본문 공감을 위한 질문의 예>

노아는 포악한 사람들 가운데 살았을 때 어떤 생각을 했을까? (언제 / 생각)
노아가 하나님의 언약을 세울 때 어떤 생각을 했을까? (언제 / 생각)
노아가 방주를 만들 때 사람들은 어떤 생각을 했을까? (언제 / 생각)
노아가 방주에 들어갈 때 밖에 있는 사람들은 어떤 생각을 했을까? (언제 / 생각)

3) 본문 참여를 위한 질문

본문의 내용에 참여해 보기 위한 질문이다. 본문에 나오는 등장인물이 되어보거나 본문에 나오는 사건을 만난다면 어떻게 할 것인가 생각해 보는 것이다. '만약에'라는 말을 사용해서 질문하면 질문만들기가 쉽다. 질문을 만든 후 의견을 쓰고 의견에 대한 질문을 반복한다. 꼬리에 꼬리를 무는 질문을 하면 본문에 구체적으로 참여할 수 있다.

(1) 질문으로 꼬리에 꼬리를 무는 질문하는 방법

질문에 대한 의견을 쓰고, 의견을 보고, 또 질문하는 방법으로 질문과 의견을 통해 더욱 구체적으로 본문 내용에 깊게 참여하게 하는 방법이다.

질문1 → 의견 → 질문2 → 의견 → 질문3 → 의견

(2) 만든 질문과 의견을 발표하고 마지막 질문 3에 대한 의견을 다 같이 나누면 좀 더 구체적으로 본문 말씀에 참여하게 할 수 있다.

<본문 참여를 위한 질문의 예>

질문1	만약에 내가 40일을 굶었는데 시험이 오면 어떻게 할까?
의견	너무 배가 고프고 힘이 들어서 판단력이 흐려져서 쉽게 넘어지지 않을까 생각이 된다.
질문2	어떻게 하면 힘든 상황에서도 넘어지지 않을까?
의견	말씀으로 무장하고 내 힘으로 이기려 하지 말고 하나님께 도움을 구해야 한다.
질문1	매사에 하나님을 의지하고 도움을 받으려면 어떻게 해야 할까?
의견	말씀을 주야로 묵상하고 항상 깨어 있으며 평상시에도 매사를 주께 의지하는 삶의 태도로 살아야 한다.

질문들에서 한 가지 주의할 점이 있다. 질문하고 답을 찾으면 뭔가를 발견하게 된다. 발견은 우리의 생각이나 감정이나 정보를 더 크게 확장하고, 새로운 영역으로 이끄는 힘이 있다. 하지만 발견에는 몰랐던 것만을 발견하는 것뿐만 아니라 이미 알고 있었지만, 기억에서 사라지거나, 망각한 것을 재발견하는 것도 매우 중요하다. 하나님은 앞으로도 우리에게 은혜를 베푸실 것이지만, 앞으로 받을 은혜만을 기대하는 것뿐 아니라 이미 받은 은혜를 다시 생각하는 것도 필요하다. 이미 받은 은혜를 생각해 낼 때 앞으로 받을 은혜는 더 확실해진다.

Ⅲ. 주 따르기

1. 본문 적용하기

1) 본문에서 배운 것 설명하기

서로 설명하기는 학습이론에 의하면 90% 이상을 기억하게 한다는 학습 방법이다. 목적은 본문 말씀을 잘 알고 있는지 확인하고 기억하게 하는 것이다.

첫째, 본문에서 배운 말씀과 깨달은 것을 적어본다.

둘째, 배운 말씀을 서로 설명한다.

(1) 돌아가며 한 가지씩 말하기를 한다. 앞에서 말한 것은 되도록 말하지 않는 것이 좋다.

(2) 두 사람씩 짝을 지어 순서를 정한 후 본문 말씀의 내용을 상대방에게 설명한다.

2) 본문에서 배운 것 순종하기

이 단계는 어쩌면 성경공부의 가장 중요한 부분이라고도 할 수 있다. 배운 것 순종을 통해 그리스도인의 삶을 살게 하는 과정이기 때문이다. 본문을 관찰하고 질문 방법을 통해 배운 말씀으로 우리 삶을 점검하고, 삶에 구체적으로 적용하여 순종하게 한다. 되도록 삶의 현장에서 적용할 수 있는 구체적인 실천 방법을 찾아보고 실천하도록 한다. 한 주간 또는 삶 속에서 실천한 것을 다음 성경 공부 시간 중 생활 나눔 할 때 이야기를 나누면 더욱 좋다.

2. 요절 암송

요절은 본문의 가장 중요한 내용이기 때문에 요절의 의미를 가르치면서 본문에서 배운 것을 다시 한번 강조하고 본문에서 배운 내용을 기억하게 하는 단계이다. 암송하는 방법에는 꿀벌 암송과 오감을 활용하는 상상 암송이 있다. 말씀을 오래 기억하기 위해 포스트잇 2-3장에 요절을 적는다. 잘 보이는 곳에 포스트잇을 붙여두고 외운다. 포스트잇에 쓴 요절을 스마트폰으로 사진 찍어 나의 카톡에 올리고 언제든지 보고 수시로 외운다.

1) 꿀벌 암송
문장 전체를 한꺼번에 외우기보다 끊어서(/) 외우면 외우기가 쉽다.

<꿀벌 암송하기의 예>
창세기 6장 22절
① 노아가 그와 같이하여/ ② 하나님이 자기에게 명하신 대로 /③ 다 준행하였더라.
①을 다섯 번 반복하기 → ①②를 다섯 번 반복하기 → ①②③을 다섯 번 반복하여 읽기

2) 상상 암송
오감을 활용하여 본문 내용을 상상하며 암송한다.

<상상 암송하기의 예>
하박국 3장 17-18절
① 비록 무화과나무가 무성하지 못하며/ ② 포도나무에 열매가 없으며/ ③ 감람나무에 소출이 없으며/
④ 밭에 먹을 것이 없으며/ ⑤ 우리에 양이 없으며/ ⑥ 외양간에 소가 없을지라도 /
⑦ 나는 여호와로 말미암아 즐거워하며/ ⑧ 나의 구원의 하나님으로 말미암아 기뻐하리로다

① 마음에 무화과나무에 잎과 열매가 조금밖에 없는 것 상상
② 포도나무에 열매 없는 그림을 상상
③ 감람나무 아래 텅 빈 바구니를 상상
④ 밭이 텅 빈 쓸쓸함을 마음속으로 상상
⑤ 양우리가 텅 비어있는 것을 상상
⑥ 텅 비어있는 외양간을 상상
⑦ 하나님을 상상하며 즐겁게 웃는 얼굴과 웃음소리를 상상
⑧ 하나님을 바라보며 기뻐 뛰며 소리 지르는 것을 상상

3. 기도하기
배운 것에 대해 순종하고 싶은 것을 위한 기도와 각자의 기도 제목을 나누고 서로를 위해 기도한다.

성경공부할 때 주의할 점

첫째, 각 단계의 공부 방법을 익힌 후 성경 공부를 하자. 삼단계 질문식 성경공부는 공부에 들어가기 전에 어떻게 성경 공부를 하는지 앞에서 안내한 각 단계별 학습방법을 알고 시작해야 한다. 이 공부 방법은 시간이 많이 걸릴 수 있으니 가족이나 주일학교 어린이나 신우회 회원들이 성경공부의 내용을 미리 풀어오면 짧은 시간에 효과적으로 공부를 할 수 있다. 그래도 시간이 부족하면 한 과를 2~3번 나누어서 해도 좋다.

둘째, 가르치려 하지 말라.
아이들은 스스로 배우기를 좋아한다. 말씀이나 이야기만 읽어도 아이들은 그 내용을 통해서 이미 깨닫고 배운다. 부모나 교사는 사족을 달아 가르쳐서 마음에 심어주겠다는 생각으로 잔소리를 하며 강조를 하는데 역효과를 가져오게 된다. 그냥 읽고 서로 이야기를 나누기만 해야 효과가 크다.

셋째, 잘못을 지적하지 말라.
부모나 교사는 잘못을 지적하여 고치려는 습성이 있다. 자주 그렇게 하면 아이들이 양육을 거부하게 되고 양육의 효과를 거둘 수 없으니 잘못을 지적하지 않도록 조심해야 한다.

넷째, 칭찬과 격려로 자신감을 심어주라.
부모나 교사의 칭찬은 아이들에게 자존감을 높여 주고, 자신을 인정한다는 것을 알게 하여 존재감을 갖게 해준다. 이를 통해 아이들이 적극적으로 양육에 참여하게 되며 양육의 목표를 달성하게 하는 영양분이 된다.

다섯째, 언행 심사가 모범이 되도록 하라.
양육하는 부모나 교사가 언행 심사에 모범이 되지 않으면 아이들이 양육을 통해 성장하기 어렵다. 하지만 양육자가 자기의 연약한 부분을 인정하고 양육 받는 어린이들과 함께 성장해 간다면 양육의 효과가 기대 이상으로 있을 것이다.

여섯째, 아이들의 건강과 마음 상태를 잘 관찰하라.
부모나 교사가 항상 똑같은 방식으로 양육하면 양육자는 쉽게 싫증을 내게 된다. 아이들이 많이 피곤하거나 몸 상태가 좋지 않으면 간단히 성경만 읽고 기도로 마치기도 한다. 때로는 성경을 읽고 떠오르는 낱말만 듣고 왜 그 낱말이 떠오르는지 이야기를 나누고 기도로 마친다. 또 때로는 성경을 읽고 질문을 한, 두 개 나누고 기도하며 마치기도 한다.

구약편

성경이 나에게 말해요(가이드북)

가정예배, 주일학교, 직장신우회 등에서 성경을 이해하고,
공감하고, 참여하게 하는 하는 삼단계 질문식 성경 공부

제1과 하나님이 세상을 만드셨어요!

주께 향하기

1. 기도하기

2. 일상생활 나누기: 우리 삶의 마음속 이야기를 나누어요.

3. 본문 살펴보기

1) 성경 내용을 소개하기: 인도자가 본문 전체의 줄거리를 간단하게 설명해요.
2) 성경 읽기: 창세기 1장 24-2장 3절, 3회 읽어요.
교독(인도자, 참가자) → 혼자 읽기(중요하거나 감동 주는 낱말, 문장 줄긋기)
3) 중요한 낱말을 찾아보기

하나님, 종류, 짐승, 좋았더라, 형상, 사람, 창조, 사람, 남자, 여자, 복, 다스리라, 창조, 거룩, 안식

4) 중요한 문장을 찾기

창세기 1장 28절, 31절

주께 배우기

1. 본문 이해를 위한 질문

1) 본문의 내용을 이해하기 위해 본문을 보고 사실 질문을 만들어요.
2) 본문에서 답을 찾아요.

나의 질문	답
하나님이 어떻게 생물들을 만드셨나요?	말씀
하나님께서 생물이나 짐승을 무엇대로 만드셨나요?	종류대로
하나님께서 사람을 누구의 형상을 따라 만드셨나요?	하나님의 형상

2. 본문 공감을 위한 질문

1) 본문에 나오는 인물이나 사건 등에 대한 생각이나 느낌을 묻는 질문을 만들어요.
2) 여러 질문 중에 한 질문을 선택해 생각이나 느낌을 쓰고 다 같이 나눠요.

번호	질문
1	하나님께서 생물과 짐승들을 종류대로 만드실 때 어떤 생각을 하셨을까요?
2	하나님께서 왜 사람을 하나님의 형상으로 만드셨을까?
3	하나님께서 창조하신 모든 것을 보시고 왜 심히 좋았더라 하셨을까?
선택 질문 번호	생각, 느낌
2	하나님은 인간이 자신을 대신하여 만물을 다스리게 하시고 인간을 통하여 하나님의 영광을 드러내려 하셨다.

3. 본문 참여를 위한 질문

1) 성경 본문 내용 속에 참여해 보아요.
2) 내가 성경 속 사건을 만났거나 성경 속 인물이라면 어땠을지 만약에 라는 질문을 만들어 의견을 써 보아요.
3) 만든 질문의 의견을 보고 또 질문을 만드는 꼬리에 꼬리를 무는 질문을 만들어요.
4) 질문과 의견을 서로 나누어요.

Q1	만약에 우리가 모든 만물을 잘 다스리지 않으면 어떻게 될까?
의견	만물이 파괴되고 엉망이 될 것이다. 하나님께서 매우 슬퍼하시고 안타까워하실 것 같다.
Q2	만물이 파괴되면 어떻게 될까?
의견	하나님이 기뻐하지 않으실 것이다. 인간이 살기 힘든 세상이 될 것이다. 인간뿐 아니라 식물, 동물 모든 자연이 신음하는 불행한 지구가 될 것이다.

주 따르기

1. 본문을 적용하기

1) 본문에서 배운 것을 설명해 보아요.

(1) 본문에서 배운 말씀을 적어본다.

(2) 돌아가며 한 문장씩 말하거나 본문 말씀 전체의 줄거리를 말한다.

2) 본문에서 배운 것을 삶에서 순종해요.

(1) 하나님이 만드신 자연을 아끼고 사랑하고 돌보며 잘 다스리자.

(2) 비닐 되도록 쓰지 않기, 분리수거 잘하기, 음식 낭비하지 않기

(3) 헌 옷 재활용하고 되도록 새 옷 사 입지 않기

(4) 종이 아끼기, 이면지 사용하기

(5) 물 사용 시 받아서 쓰기, 빨래 모아서 하기

(6) 창조론이 진리라는 것을 어디서든지 확실하게 주장할 지식을 갖추자.

2. 요절 암송: 창세기 1장 28절

하나님이 그들에게 복을 주시며/ 하나님이 그들에게 이르시되/ 생육하고 번성하여 땅에 충만하라,/ 땅을 정복하라,/ 바다의 물고기와 하늘의 새와/ 땅에 움직이는 모든 생물을 다스리라 하시니라

3. 기도하기

1) 기도 제목을 서로 나누어요.

2) 서로 나눈 기도 제목과 오늘 배운 것을 순종하기 위해 기도해요.

성경구절 필사

날짜 :

구절 :

제2과 에덴동산의 아담과 하와

주께 향하기

1. 기도하기

2. 일상생활 나누기: 우리 삶의 마음속 이야기를 나누어요.

3. 본문 살펴보기

무엇일까요?

※ 흥미, 관심(퀴즈)

-하나님의 형상으로 만들었어요.
-남자입니다.
-흙으로 만들었어요.
-동물들의 이름을 지어주었어요.
-최초의 사람입니다.

아담

1) 성경 내용을 소개하기: 인도자가 본문 전체의 줄거리를 간단하게 설명해요.

2) 성경 읽기: 창세기 6장 9절-22절, 2회 읽어요.
교독(인도자, 참가자) → 혼자 읽기(중요하거나 감동 주는 낱말, 문장 줄긋기)

3) 중요한 낱말을 찾아보기

간사, 여자, 남자, 선악과, 선악, 눈, 무화과, 생명나무, 뱀, 후손, 머리, 사망, 저주, 땀, 가죽옷, 흙, 해산, 천사, 불 칼

4) 중요한 문장을 찾기

창세기 3장 15-21절

주께 배우기

1. 본문 이해를 위한 질문

1) 본문의 내용을 이해하기 위해 본문을 보고 사실 질문을 만들어요.
2) 본문에서 답을 찾아요.

※ 이 과의 이해를 위한 질문은 다음과 같이 게임으로 해요.

① A4용지 한 장을 접어 쪽지 8장을 만든다. 각 사람에게 4장의 쪽지를 나눠준다.
② 본문 성경을 보고 쪽지에 질문과 답을 적는다.
③ 쪽지를 모두 모아 가운데에 엎어놓고 순서를 정해 쪽지를 한 장씩 가져와 문제를 읽는다.
④ 문제를 듣고 답을 맞힌 사람이 쪽지를 가져간다.
동시에 맞히면 가위바위보 해서 이긴 사람이 가져갈지 줄지 결정한다.
⑤ 문제의 정답을 모두 모를 경우에는 문제를 읽은 사람이 답을 말하고 가져간다.

들짐승 중에서 가장 간교한 동물은? (뱀)	뱀은 여자에게 그 열매를 먹으면 어떻게 된다고 했나요? (너희가 결코 죽지 아니하리라 너희가 그것을 먹는 날에는 너희 눈이 밝아져 하나님과 같이 되어 선악을 알게 될 것이다.)
여자는 동산 중앙에 있는 열매를 하나님이 어떻게 하라고 했다고 뱀에게 대답했나요? (동산 중앙에 있는 나무의 열매는 하나님의 말씀에 너희는 먹지도 말고 만지지도 말라 너희가 죽을까 하노라.)	선악과를 먹은 아담에게 내려진 벌은 무엇인가요? (흙으로 돌아갈 때까지 얼굴에 땀을 흘려야 먹을 것 을 먹으리니 네가 그것에서 취함을 입었음이라. 너는 흙이니 흙으로 돌아갈 것이니라.)

2. 본문 공감을 위한 질문

1) 본문에 나오는 인물이나 사건 등에 대한 생각이나 느낌을 묻는 질문을 만들어요.
2) 여러 질문 중에 한 질문을 선택해 생각이나 느낌을 쓰고 다 같이 나눠요.

번호	질문
1	뱀은 왜 여자에게 거짓말을 해서 선악과를 따먹게 했을까요?
2	선악과를 따먹은 아담은 왜 하나님이 주신 여자 때문에 먹었다고 했을까?
3	아담과 하와를 에덴동산에서 쫓아내신 하나님의 마음은 어떠셨을까?
선택 질문 번호	생각, 느낌
3	하나님의 형상을 따라 아담을 만드신 하나님은 아담과 하와가 하나님께 불순종하여 사람들을 에덴에서 추방하셨다. 하지만 가죽옷을 지어 입혀주시므로 사랑을 잊지 않으셨다. 하나님은 인간에게 진노와 사랑의 마음이 있으셨던 것으로 보인다.

3. 본문 참여를 위한 질문

1) 성경 본문 내용 속에 참여해 보아요.
2) 내가 성경 속 사건을 만났거나 성경 속 인물이라면 어땠을지 만약에 라는 질문을 만들어 의견을 써 보아요.
3) 만든 질문의 의견을 보고 또 질문을 만드는 꼬리에 꼬리를 무는 질문을 만들어요.
4) 질문과 의견을 서로 나누어요.

Q1	만약에 여자의 후손이 뱀의 머리를 상하게 할 것이라는 약속이 없었다면 아담의 후손들은 어떻게 되었을까?
의견	영원히 죄의 문제를 해결할 수 없이 죄와 사망 가운데 살면서 구원의 길을 얻지 못하게 되었을 것이다.
Q2	하나님의 약속은 어떻게 성취되었나요?
의견	하나님께서는 예수 그리스도를 통하여 약속을 성취하셨다. 예수님은 이 땅에 오셔서 우리의 죗값으로 십자가에 돌아가시고 삼일 만에 부활하셨다. 하늘로 올라가셔서 하나님 우편에 앉아계시며 모든 것을 통치하고 계신다.
Q3	우리의 죄 문제를 해결하고 구원받는 길은 무엇인가요?
의견	우리의 죄를 다 지시고 십자가에서 돌아가신 예수님을 주님으로 믿는 것이다.

주 따르기

1. 본문을 적용하기

1) 본문에서 배운 것을 설명해 보아요.

(1) 본문에서 배운 말씀을 적어본다.

(2) 돌아가며 한 문장씩 말하거나 본문 말씀 전체의 줄거리를 말한다.

2) 본문에서 배운 것을 삶에서 순종해요.

(1) 나의 죄를 돌아보고 잘 못 된 나의 죄를 작은 것이라도 회개하자.

(2) 죄라고 생각하는 것들을 버리자.

(3) 남의 핑계를 대지 말자.

(4) 예수님을 통하여 구원을 이루신 하나님께 감사한다.

2. 요절 암송: 창세기 3장 15절

내가 너로 여자와 원수가 되게 하고/ 네 후손도 여자의 후손과 원수가 되게 하리니/

여자의 후손은 네 머리를 상하게 할 것이요/ 너는 그의 발꿈치를 상하게 할 것이니라 하시고

3. 기도하기

1) 기도 제목을 서로 나누어요.

2) 서로 나눈 기도 제목과 오늘 배운 것을 순종하기 위해 기도해요.

요절 외우기 Tip

포스트잇에 요절을 적어 잘 보이는 곳에 두고 외운다. 포스트잇에 쓴 요절을 스마트폰으로 사진 찍어 sns등에 올려 수시로 보고 외운다. 문장 전체를 한꺼번에 외우기보다 끊어서(/) 반복하여 외우고, 오감을 활용하여 상상하며 외우면 쉽고 오래 기억이 남는다.

제3과 노아의 방주

주께 향하기

1. 기도하기

2. 일상생활 나누기: 우리 삶의 마음속 이야기를 나누어요.

3. 본문 살펴보기

무엇일까요?

※ 흥미, 관심(퀴즈)
-비와 관련 있어요.
-그림 그릴 때 많이 그려요.
-하나님이 노아에게 물로 멸망시키지 않겠다는 약속으로 주신 거예요 (창 9장 12-16절).
-일곱 가지 색깔로 표현해요.

무지개

1) 성경 내용을 소개하기: 인도자가 본문 전체의 줄거리를 간단하게 설명해요.
※노아의 방주: 크기는 가로 140m, 세로 25m, 높이 14m, 용량 약 43,000t
(아파트 한층 높이는 2.8m~3m라면, 방주는 대략 아파트 5층 정도임. 규빗은 보통 어른의 가운데 손끝부터 팔꿈치까지의 길이로서 약 45cm)

2) 성경 읽기: 창세기 6장 9절-22절, 2회 읽어요.
교독(인도자, 참가자) → 혼자 읽기(중요하거나 감동 주는 낱말, 문장 줄긋기)
3) 중요한 낱말을 찾아 빙고 놀이하기

동행	방주	부패
완전	의인	보존
무지개	홍수	언약

주께 배우기

1. 본문 이해를 위한 질문

1) 본문의 내용을 이해하기 위해 본문을 보고 사실 질문을 만들어요.
2) 본문에서 답을 찾아요.

※ 이 과의 이해를 위한 질문은 다음과 같이 게임으로 해요.

① A4용지 한 장을 접어 쪽지 8장을 만든다. 각 사람에게 4장의 쪽지를 나눠준다.
② 본문 성경을 보고 쪽지에 질문과 답을 적는다.
③ 쪽지를 모두 모아 가운데에 엎어놓고 순서를 정해 쪽지를 한 장씩 가져와 문제를 읽는다.
④ 문제를 듣고 답을 맞힌 사람이 쪽지를 가져간다.
동시에 맞히면 가위바위보 해서 이긴 사람이 가져갈지 줄지 결정한다.
⑤ 문제의 정답을 모두 모를 경우에는 문제를 읽은 사람이 답을 말하고 가져간다.

노아는 어떤 사람인가요? (의인이요 당대에 완전한 자, 하나님과 동행함)	노아는 하나님의 말씀을 듣고 어떻게 했나요? (명하신 대로 다 준행함)
각 종류의 동물 중 암수 한 쌍의 동물은 어떻게 방주로 들어갈 수 있었을까요? (각기 둘씩 노아에게 나아오게 함)	온 땅의 부패함을 보고 하나님께서 노아에게 무어라고 하셨나요? (그 끝 날이 내 앞에 이르렀으니 내가 그들을 땅과 함께 멸하리라)
무슨 나무로 방주를 만들라고 하셨나요? (고페르 나무)	하나님은 노아와 맺은 언약에서 무엇을 약속하셨나요? (생명 보존)

2. 본문 공감을 위한 질문

1) 노아 에게 질문을 해요(생각, 느낌질문 만들기)

-노아 할아버지, 하나님께서 세상을 멸절하시겠다는 말씀을 듣고 어떠셨나요?
-노아 할아버지, 산에서 방주를 만드실 때 어떤 생각이 드셨나요?
-방주에 있는데 밖에서는 비가 계속 내릴 때 어떤 생각이 드셨나요?
-방주 속에서 동물들과 어떻게 보내셨나요?
-방주에서 시끄러운 소리와 냄새들은 어떠셨는지요?
-방주에서 가족들에게 무슨 이야기를 해 주셨나요?
-방주에서 무엇이 가장 힘드셨나요?

2) 노아 역할을 인도자, 자녀(학생) 순으로 해 보게 하자. 노아의 심정이 되어 말하도록 한다.

3. 본문 참여를 위한 질문

1) 성경 본문 내용 속에 참여해 보아요.
2) 내가 성경 속 사건을 만났거나 성경 속 인물이라면 어땠을지 만약에 라는 질문을 만들어 의견을 써 보아요.
3) 만든 질문의 의견을 보고 또 질문을 만드는 꼬리에 꼬리를 무는 질문을 만들어요.
4) 질문과 의견을 서로 나누어요.

Q1	만약에 세상에 가득한 부패와 포악한 인간들을 그대로 두셨다면 세상은 어떻게 되었을까?
의견	온통 죄로 가득 차서 마치 지옥과 같았을 것 같다.
Q2	하나님께서는 노아 때 세상을 어떻게 심판하셨나요?
의견	의인이었던 노아의 가족과 방주에 들어갔던 동물, 바다와 물속에 있던 생명을 제외하고 물로 다 심판하셨다.
Q3	앞으로 또 심판이 있을까요? 그때 나는 어떻게 될까?
의견	예수님께서 다시 오실 때 영생과 영벌의 심판이 있을 것이다. 예수님을 믿고 말씀에 순종하며 살아서 참으로 잘했다고 칭찬 듣고 새 하늘과 새 땅에서 영원히 행복한 삶을 살 것이다.

주 따르기

1. 본문을 적용하기

1) 본문에서 배운 것을 설명해 보아요.

(1) 본문에서 배운 말씀을 적어본다.

(2) 돌아가며 한 문장씩 말하거나 본문 말씀 전체의 줄거리를 말한다.

2) 본문에서 배운 것을 삶에서 순종해요.

(1) 말씀에 순종하며 죄짓지 않기

(2) 날마다 자신을 돌아보며 회개하기

2. 요절 암송: 창세기 6장 22절

①노아가 그와 같이하여/ ②하나님이 자기에게 명하신 대로 /③다 준행하였더라.

①을 다섯 번 반복하기 → ①②를 다섯 번 반복하기 → ①②③을 다섯 번 반복하여 읽기

3. 기도하기

1) 기도 제목을 서로 나누어요.

2) 서로 나눈 기도 제목과 오늘 배운 것을 순종하기 위해 기도해요.

1. 무시한 경고 부록1

펜실베이니아주의 한 댐을 조사한 기술자들은 인근 주민들에게 이렇게 경고했어요.

"여러분! 이 위에 있는 저수 댐은 안전장치가 되어있지 않으니 이주하는 것이 좋을 것입니다."

그러나 마을 주민들은 코웃음을 쳤어요. 그해 가을에 조사단이 다시 와서 경고했지만 역시 마찬가지였지요.

'음! 있을지 없을지 모르는 일이 아닌가? 우리에게 겁을 먹도록 할 수는 없지…….'

그러나 마지막 경고가 있은 지 보름이 못 되는 1889년 5월 31일 그 댐은 그만 홍수로 무너지고 말았어요. 이 댐의 붕괴로 존스타운 주민 중 2,200명이 삽시간에 몰사했으니, 미국 역사상 대홍수 사건으로 기록되었답니다.

제4과 아브라함을 부르신 하나님

주께 향하기

1. 기도하기

2. 일상생활 나누기: 우리 삶의 마음속 이야기를 나누어요.

3. 본문 살펴보기

1) 성경 내용을 소개하기: 인도자가 본문 전체의 줄거리를 간단하게 설명해요.
2) 성경 읽기: 창세기 13장 1-18절 2회 읽어요.
교독(인도자, 참가자) → 혼자 읽기(중요하거나 감동 주는 낱말, 문장 줄긋기)
3) 중요한 낱말을 찾아보기

소유, 풍부, 벧엘, 장막, 제단, 동거, 목자, 다툼, 거주, 친족, 떠나가라, 좌하면, 우하리라, 동산, 여호와, 애굽, 악 죄인, 죄인, 자손, 티끌, 영원, 종, 횡, 헤브론

4) 중요한 문장을 찾기

창세기 13장 15, 16절

주께 배우기

1. 본문 이해를 위한 질문

1) 본문의 내용을 이해하기 위해 본문을 보고 사실 질문을 만들어요.
2) 본문에서 답을 찾아요.

	질문	답
1.	아브라함은 누구와 함께 살고 있었나요?	조카 롯
2.	아브라함의 목자와 롯의 목자는 어떻게 했나요?	서로 다투었다.
3.	목자들이 다투자 아브라함은 어떻게 했나요?	롯에게 먼저 땅을 선택하게 하였다.

4.	롯은 어느 땅을 택하였나요?	(요단 지역 소돔과 고모라)

2. 본문 공감을 위한 질문

1) 본문에 나오는 인물이나 사건 등에 대한 생각이나 느낌을 묻는 질문을 만들어요.
2) 여러 질문 중에 한 질문을 선택해 생각이나 느낌을 쓰고 다 같이 나눠요.

번호	질문
1	아브람이 조카 롯에게 땅을 먼저 선택하라 했을 때 롯은 어떤 생각이 들었을까?
2	아브라함은 어떤 마음으로 조카에게 땅을 먼저 선택하라고 했을까?
3	롯은 요단 지역을 선택할 때 미래를 어떻게 예측했을까?
4	여호와께서 보이는 땅을 너와 네 자손에게 주리라 하시고 자손을 티끌 같게 준다고 하셨을 때 아브람의 마음은 어땠을까?
선택 질문 번호	생각, 느낌
3	롯은 아브람과 함께 가나안에 도착해서 기근을 만나 애굽으로 피하게 되는 고난을 경험했다 (창 12장). 이런 경험을 토대로 물이 풍부한 요단 온 들을 선택했다. 그는 이곳에서 기근 없이 정착하여 안정된 삶이 펼쳐지리라 생각했다. 그의 선택 기준은 풍요롭고 안정된 삶이었다.

3. 본문 참여를 위한 질문

1) 성경 본문 내용 속에 참여해 보아요.
2) 내가 성경 속 사건을 만났거나 성경 속 인물이라면 어땠을지 만약에 라는 질문을 만들어 의견을 써 보아요.
3) 만든 질문의 의견을 보고 또 질문을 만드는 꼬리에 꼬리를 무는 질문을 만들어요.
4) 질문과 의견을 서로 나누어요.

Q1	만약에 내가 아브라함이라면 목자들이 싸울 때 어떻게 했을까?
의견	내가 삼촌이니까 땅을 먼저 택한다고 했든지, 아니면 가위바위보를 해서 이긴 사람이 먼저 땅을 선택하자고 했을 것 같다.
Q2	욕심을 버리고 아브라함처럼 양보하려면 어떻게 해야 할까?
의견	내 모든 삶을 하나님께 맡기고 욕심을 버려야 할 것이다. 이런 선택의 문제가 있을 때 기준점을 점검하는 것이 필요할 것이다. 선택의 기준은 풍요와 안정이 돼서는 안 될 것이다. 먼저 기도하며 하나님 앞에서 어떻게 하는 것이 가장 좋은 방법인지를 찾아야겠다.

주 따르기

1. 본문을 적용하기

1) 본문에서 배운 것을 설명해 보아요.

(1) 본문에서 배운 말씀을 적어본다.

(2) 돌아가며 한 문장씩 말하거나 본문 말씀 전체의 줄거리를 말한다.

2) 본문에서 배운 것을 삶에서 순종해요.

(1) 모든 일을 결정할 때 기준점을 점검하기

(2) 돈 나누기

(3) 직장에서 양보하기

(4) 음식, 물건 나눌 때 배려하기

(5) 놀이할 때 마음 넓게 쓰기

2. 요절 암송: 창세기 3장 15-16절

보이는 땅을 /내가 너와 네 자손에게 주리니/ 영원히 이르리라

내가 네 자손이 땅의 티끌 같게 하리니/ 사람이 땅의 티끌을 능히 셀 수 있을진대/ 네 자손도 세리라

3. 기도하기

1) 기도 제목을 서로 나누어요.

2) 서로 나눈 기도 제목과 오늘 배운 것을 순종하기 위해 기도해요.

작은 빵 (부록)

날마다 점심시간 무렵이면 빵을 여러 개 구워서 공원에 나와 배고픈 아이들에게 나누어 주는 늙은 부부가 있었어요.

"얘들아! 한 개씩만 가져가거라. 그리고 내일 또 오렴!"

아이들은 이 말이 끝나기가 무섭게 서로 먼저 큰 빵을 가지려고 앞을 다투었어요. 그런데 늘 모두가 빵을 가져간 뒤에야 마지막으로 남은 작은 빵을 집어 드는 소녀가 있었어요. 그러면서 꼭꼭 '감사합니다.'라는 인사를 잊지 않았지요. 어느 날 소녀는 동생과 나눠 먹으려고 작은 빵을 쪼개다가 깜짝 놀랐답니다. 그 안에 은돈 여섯 닢이 들어있지 뭐예요! 소녀는 얼른 돈을 가지고 늙은 부부의 집으로 달려갔어요. 그러자 할아버지와 할머니는 환한 웃음으로 소녀를 반겼어요.

"얘야! 이 돈은 양보하고 감사할 줄 아는 착한 아이에게 주는 선물이란다. 너의 돈이야."

할아버지와 할머니는 아직도 숨을 헐떡이는 소녀의 손을 꼭 잡아 주었답니다.

(김병규, 『마음의 약이 되는 매콤달콤한 이야기』)

제5과 소돔과 고모라

주께 향하기

1. 기도하기

2. 일상생활 나누기: 우리 삶의 마음속 이야기를 나누어요.

3. 본문 살펴보기

1) 성경 내용을 소개하기: 인도자가 본문 전체의 줄거리를 간단하게 설명해요.
2) 성경 읽기: 창세기 19장 1-29절, 2회 읽어요.
교독(인도자, 참가자) → 혼자 읽기(중요하거나 감동 주는 낱말, 문장 줄긋기)
3) 중요한 낱말을 찾아 빙고 놀이하기

천사	소돔	영접
간청	무교병	상관
악	청	법관

4) 중요한 문장을 찾기

창세기 19장 13절

주께 배우기

1. 본문 이해를 위한 질문

1) 본문의 내용을 이해하기 위해 본문을 보고 사실 질문을 만들어요.
2) 본문에서 답을 찾아요.
※ 이 과의 이해를 위한 질문은 다음과 같이 게임으로 해요.
① A4용지 한 장을 접어 쪽지 8장을 만든다. 각 사람에게 4장의 쪽지를 나눠준다.
② 본문 성경을 보고 쪽지에 질문과 답을 적는다.
③ 쪽지를 모두 모아 가운데에 엎어놓고 순서를 정해 쪽지를 한 장씩 가져와 문제를 읽는다.
④ 문제를 듣고 답을 맞힌 사람이 쪽지를 가져간다.
　동시에 맞히면 가위바위보 해서 이긴 사람이 가져갈지 줄지 결정한다.
⑤ 문제의 정답을 모두 모를 경우에는 문제를 읽은 사람이 답을 말하고 가져간다.

천사를 영접한 사람은 누구인가요? (롯)	천사들을 괴롭히려고 한 사람들은 누구인가요? (소돔 성 사람들)
천사들과 롯에게 악을 행하려고 할 때 천사들이 어떻게 하였나요? (문밖의 모든 사람의 눈을 어둡게 함)	롯의 아내는 뒤를 돌아보다 어떻게 되었나요? (소금기둥이 됨)

2. 본문 공감을 위한 질문

1) 본문에 나오는 인물이나 사건 등에 대한 생각이나 느낌을 묻는 질문을 만들어요.
2) 여러 질문 중에 한 질문을 선택해 생각이나 느낌을 쓰고 다 같이 나눠요.

번호	질문
1	롯이 간청하며 영접했을 때 천사들의 마음은 어땠을까?
2	유황불로 망한 소돔과 고모라를 보며 롯은 무슨 생각과 느낌이 들었을까?
3	사위들은 롯의 말을 무시했다가 유황불로 죽어가며 어떤 생각을 했을까?
4	뒤를 돌아보다 소금기둥이 된 엄마를 본 딸들은 어떤 생각을 했을까?

선택 질문 번호	생각, 느낌
3	롯의 말을 듣지 않은 것을 후회하며 고통으로 울부짖었을 것 같다.

3. 본문 참여를 위한 질문

1) 성경 본문 내용 속에 참여해 보아요.
2) 내가 성경 속 사건을 만났거나 성경 속 인물이라면 어땠을지 만약에 라는 질문을 만들어 의견을 써 보아요.
3) 만든 질문의 의견을 보고 또 질문을 만드는 꼬리에 꼬리를 무는 질문을 만들어요.
4) 질문과 의견을 서로 나누어요.

Q1	만약에 내가 소돔 성에 있었다면 롯이 소돔 성이 내일 멸망한다고 같이 떠나자고 하면 어떻게 할까?
의견	롯의 사위들처럼 농담으로 여길 수 있을 것 같다.
Q2	농담으로 여긴 결과는 어떻게 되었을까?
의견	유황불 속에서 처참하게 고통을 당하며 울부짖으며 "아, 롯을 따라갈걸" 하며 후회하면서 죽어갔을 것이다.
Q3	예수님의 재림을 어떻게 맞이할까?
의견	언제 다시 오실지 모르지만, 어느 때든지 예수님이 오셔도 아무 염려 없도록 모든 준비를 잘하자. 그 방법은 예수님을 믿고 예수님이 나에게 주신 사명을 매일매일 충성되게 감당하는 것이다.

주 따르기

1. 본문을 적용하기

1) 본문에서 배운 것을 설명해 보아요.

(1) 본문에서 배운 말씀을 적어본다.

(2) 돌아가며 한 문장씩 말하거나 본문 말씀 전체의 줄거리를 말한다.

2) 본문에서 배운 것을 삶에서 순종해요.

(1) 나그네와 같은 사회적 약자를 보호하고 도와주기.

(2) 하나님의 말씀 가운데 믿어지지 않는 부분이 있으면 그 말씀을 붙잡고 해결하기.

(3) 늘 다시 오실 주님을 기억하고 죽음을 준비하는 삶을 살기.

2. 요절 암송: 창세기 1장 28절

그들에 대한 부르짖음이/ 여호와 앞에 크므로/ 여호와께서 이곳을 멸하시려고/
우리를 보내셨나니 우리가 멸하리

3. 기도하기

1) 기도 제목을 서로 나누어요.

2) 서로 나눈 기도 제목과 오늘 배운 것을 순종하기 위해 기도해요.

갈릴리 호수와 사해 부록

이스라엘에는 큰 호수가 두 개가 있는데 너무나 커서 바다라고도 불립니다. 하나는 갈릴리 호수이고 다른 하나는 소돔과 고모라가 유황불로 멸망한 곳이었던 사해이지요. 갈릴리 호수는 푸르고 청청하며 호수 안에는 많은 물고기가 살고 있어요. 성지순례를 가면 갈릴리 해변에서 식사하게 될 때 '베드로 고기'라고 하는 그 호수에서 잡은 물고기를 먹게 해줍니다. 반면 사해는 염분이 높은 매우 짠 물로 되어있어요. 수영할 줄 모르는 사람도 거기 들어가면 몸이 둥둥 뜨게 되어 익사할 염려가 없지요. 그러나 호수가 너무 물이 짜서 물고기가 없어요. 다른 생물도 역시 없답니다. 조개 같은 패류도 없고 그저 진흙 갯벌뿐입니다. 두 호수는 왜 그렇게 차이가 나는 것일까요? 두 호수의 근원은 같습니다. 북쪽 헬몬산에서 눈이 녹아 물이 내려오면 그 물은 갈릴리 호수로 들어갑니다. 그러면 갈릴리 호수는 계속하여 그 물을 요단강을 통하여 하류로 내려보냅니다. 그런데 사해는 매우 깊어서 물을 받기만 하고 다른 곳으로 흘려보낼 줄을 모릅니다. 그래서 염분이 계속 높아져 아무 생물도 살지 못하는 바다가 되었지요. 그래서 사해(死海)라고 부른답니다.

제6과 하나님께 이삭을 바친 아브라함

주께 향하기

1. 기도하기

2. 일상생활 나누기: 우리 삶의 마음속 이야기를 나누어요.

3. 본문 살펴보기

1) 성경 내용을 소개하기: 인도자가 본문 전체의 줄거리를 간단하게 설명해요.
2) 성경 읽기: 창세기 22장 1절-19절, 2회 읽어요.
교독(인도자, 참가자) → 혼자 읽기(중요하거나 감동 주는 낱말, 문장 줄긋기)
3) 중요한 낱말을 찾아 빙고 놀이하기

아브라함	시험	독자
이삭	번제	제물
모리아	여호와 이레	준비

4) 중요한 문장을 찾기

창세기 22장 12절, 14절, 18절

주께 배우기

1. 본문 이해를 위한 질문

1) 본문의 내용을 이해하기 위해 본문을 보고 사실 질문을 만들어요.
2) 본문에서 답을 찾아요.

※ 이 과의 이해를 위한 질문은 다음과 같이 게임으로 해요.

① A4용지 한 장을 접어 쪽지 8장을 만든다. 각 사람에게 4장의 쪽지를 나눠준다.
② 본문 성경을 보고 쪽지에 질문과 답을 적는다.
③ 쪽지를 모두 모아 가운데에 엎어놓고 순서를 정해 쪽지를 한 장씩 가져와 문제를 읽는다.
④ 문제를 듣고 답을 맞힌 사람이 쪽지를 가져간다.
동시에 맞히면 가위바위보 해서 이긴 사람이 가져갈지 줄지 결정한다.
⑤ 문제의 정답을 모두 모를 경우에는 문제를 읽은 사람이 답을 말하고 가져간다.

하나님은 누구를 번제로 드리라 하셨나요? (독자 이삭)	아브라함은 이삭을 번제로 드리려고 언제 떠났나요? (아침 일찍)
이삭이 번제 할 어린양이 어디 있냐 물을 때 뭐라 했나요? (하나님이 자기를 위하여 친히 준비하시리라 말함)	하나님은 번제물로 무엇을 준비하셨나요? (숫양)

2. 본문 공감을 위한 질문

1) 본문에 나오는 인물이나 사건 등에 대한 생각이나 느낌을 묻는 질문을 만들어요.
2) 여러 질문 중에 한 질문을 선택해 생각이나 느낌을 쓰고 다 같이 나눠요.

번호	질문
1	아브라함은 100세에 아들을 얻었을 때 어떤 마음이었을까?
2	귀한 아들을 제물로 하나님께 드리라 했을 때 아브라함은 어떤 마음이었을까?
3	아버지가 이삭을 묶어 번제로 드리려했을 때 이삭은 어떤 생각을 했을까?
4	아브라함이 순종하여 이삭을 바치려고 했을 때 하나님 마음은 어떠셨을까?

선택 질문 번호	생각, 느낌
2	처음에는 땅이 꺼지고 하늘이 무너진 것 같은 참담한 마음이 들었을 것 같다. 그러나 하나님과 언약을 맺은 아브라함은 이삭을 번제로 드리더라도 하나님은 이삭을 죽은 자들 가운데서 다시 살리실 하나님을 믿었다. 그래서 하나님의 말씀에 순종하기로 했을 것이다.

3. 본문 참여를 위한 질문

1) 성경 본문 내용 속에 참여해 보아요.
2) 내가 성경 속 사건을 만났거나 성경 속 인물이라면 어땠을지 만약에 라는 질문을 만들어 의견을 써 보아요.
3) 만든 질문의 의견을 보고 또 질문을 만드는 꼬리에 꼬리를 무는 질문을 만들어요.
4) 질문과 의견을 서로 나누어요.

Q1	만약에 나에게 가장 소중한 것을 바치라고 하면 어떻게 할까?
의견	선뜻 바치기가 쉽지 않을 것이다. 아마 금식 기도를 하고 하나님의 뜻이 무엇인지 정확히 알기를 먼저 구할 것이다. 하나님은 사랑하는 자에게 감당할 시험만 주신다고 하셨기에 감당할 만한 것을 요구하시리라 생각한다.
Q2	나는 지금 나의 소중한 것 중에 무엇을 하나님께 드리고 있나요?
의견	하나님께 시간 드리기, 마음 드리기, 물질 드리기
Q3	하나님께 더 드리고 싶은 것은 없나요?
의견	더 열심히 복음 전하기, 물질로 더 많이 봉사하기, 달란트를 잘 활용하기

주 따르기

1. 본문을 적용하기

1) 본문에서 배운 것을 설명해 보아요.
(1) 본문에서 배운 말씀을 적어본다.
(2) 돌아가며 한 문장씩 말하거나 본문 말씀 전체의 줄거리를 말한다.

2) 본문에서 배운 것을 삶에서 순종해요.

(1) 매일 1시간 이상 기도, 말씀 보기

(2) 하나님을 섬기는 마음으로 다른 사람 돕기

(3) 하나님 대접하는 마음으로 어려운 사람 맛있는 것 사다 드리기

(4) 힘든 아이들에게 하나님 사랑 표현하기

2. 요절 암송: 창세기 22장 14절

아브라함이 그 땅 이름을/ 여호와 이레라 하였으므로/ 오늘날까지 사람들이 이르기를/ 여호와의 산에서 준비되리라 하더라

3. 기도하기

1) 기도 제목을 서로 나누어요.

2) 서로 나눈 기도 제목과 오늘 배운 것을 순종하기 위해 기도해요.

재앙과 기회 (부록)

인도의 선교사 메리 리드는 문둥병 환자들의 불쌍한 운명을 잊을 수가 없어서 비참한 생각에 시달리고 있었습니다. 당시 문둥병 환자를 구제할 방도가 무엇 하나 시행되고 있지 않았습니다. 그러던 중 그녀도 원인을 알 수 없는 질병에 걸리게 되었습니다. 고원 주둔소의 병원에서 치료 받았으나 효과는 없었습니다. 이윽고 본국으로 송환되었으나 여전히 병명을 알아내지 못하고 있었습니다. 손가락 하나가 감각을 잃고, 얼굴에 반점 하나가 생기더니 사라지지 않았습니다. 마침내 의사가 그 질병의 정체를 알아냈습니다. 바로 그녀 자신이 문둥병에 걸린 것입니다. 이 사실이 전해들은 메리의 반응은 어떠했을까요? 그녀는 무릎을 꿇고 자신을 문둥병 환자가 되게 하신 하나님께 감사했습니다. 그로 인해 마음을 아프게 해왔던 문둥병 환자들과 함께 생활할 수 있게 되었기 때문입니다. 메리 리드는 인도로 돌아가 몇 해 동안, 자신도 환자로서 문둥병 환자들 사이에서 일하고, 그들에게 건강과 희망을 주는 도움을 주었습니다. 리드는 재난이라고 생각되는 일에 감사했습니다. 그 불행 속에서 무한한 기회를 발견하였기 때문입니다. <불행하고 불운한 일이 우리에게도 닥칠 것입니다. 아니 벌써 닥쳐왔는지도 모릅니다. 그러나 우리가 그것을 재앙이라고 받아들이지 않는 이상 재앙이라는 것은 없다는 사실을 잊지 않도록 해야겠습니다. 모든 것이 협력하여 선을 이룹니다.

제7과 천사와 씨름한 야곱

주께 향하기

1. 기도하기

2. 일상생활 나누기: 우리 삶의 마음속 이야기를 나누어요.

3. 본문 살펴보기

1) 성경 내용을 소개하기: 인도자가 본문 전체의 줄거리를 간단하게 설명해요.
2) 성경 읽기: 창세기 32장 2회 읽어요.
교독(인도자, 참가자) → 혼자 읽기(중요하거나 감동 주는 낱말, 문장 줄긋기)
3) 중요한 낱말을 찾아 빙고 놀이하기

야곱	사자	마하나임
에서	아브라함	하나님
이삭	족속	브니엘

예) 축복 / 이스라엘 / 보전 / 허벅지관절 / 종 / 얍복강 / 예물

4) 중요한 문장을 찾기

창세기 32장 12절, 28절, 30절

주께 배우기

1. 본문 이해를 위한 질문

1) 본문의 내용을 이해하기 위해 본문을 보고 사실 질문을 만들어요.
2) 본문에서 답을 찾아요.

※ 이 과의 이해를 위한 질문은 다음과 같이 게임으로 해요.

① A4용지 한 장을 접어 쪽지 8장을 만든다. 각 사람에게 4장의 쪽지를 나눠준다.
② 본문 성경을 보고 쪽지에 질문과 답을 적는다.
③ 쪽지를 모두 모아 가운데에 엎어놓고 순서를 정해 쪽지를 한 장씩 가져와 문제를 읽는다.
④ 문제를 듣고 답을 맞힌 사람이 쪽지를 가져간다.
동시에 맞히면 가위바위보 해서 이긴 사람이 가져갈지 줄지 결정한다.
⑤ 문제의 정답을 모두 모를 경우에는 문제를 읽은 사람이 답을 말하고 가져간다.

야곱이 하나님의 군대를 만난 땅을 무엇이라 이름했나요? (마하나임)	야곱이 고향으로 돌아가면서 형이 두려워 하나님께 기도하며 무엇을 떠올렸나요? (내가 반드시 네게 은혜를 베풀어 네 씨로 바다의 셀 수 없는 모래와 같이 많게 하리라 하신 약속)
야곱과 씨름한 사람이 야곱의 이름을 무엇으로 부를 것이라 했나요? (이스라엘)	이스라엘의 뜻은 무엇인가요? (하나님과 및 사람들과 겨루어 이겼다는 뜻)

2. 본문 공감을 위한 질문

1) 본문에 나오는 인물이나 사건 등에 대한 생각이나 느낌을 묻는 질문을 만들어요.
2) 여러 질문 중에 한 질문을 선택해 생각이나 느낌을 쓰고 다 같이 나눠요.

번호	질문
1	야곱이 길에서 하나님의 사자(하나님의 군대)를 만났을 때 어떤 생각을 했을까요?
2	야곱은 에서 형을 만나기 전에 어떤 생각을 했을까?
3	야곱은 얍복강에서 천사와 씨름할 때 어떤 마음이었을까?

4	야곱은 천사와 씨름하여 이겼을 때 어떤 마음이 들었을까?
선택 질문 번호	생각, 느낌
2	야곱은 아버지 집을 떠나 약 20년이나 타향살이를 했다. 하나님께서 네 고향으로 돌아가라 내가 은혜를 베풀어 주신다고 했지만, 야곱은 자기를 죽이려 했던 형이 매우 두렵고 무서웠을 것이다. 어떻게 하면 형의 마음을 녹일 수 있을까? 형을 감동하게 할 방법을 찾으려 했다. 형에게 선물을 세 떼로 보내는 지혜도 생겼다.

3. 본문 참여를 위한 질문

1) 성경 본문 내용 속에 참여해 보아요.
2) 내가 성경 속 사건을 만났거나 성경 속 인물이라면 어땠을지 만약에 라는 질문을 만들어 의견을 써 보아요.
3) 만든 질문의 의견을 보고 또 질문을 만드는 꼬리에 꼬리를 무는 질문을 만들어요.
4) 질문과 의견을 서로 나누어요.

Q1	만약에 내가 야곱처럼 인간관계에 큰 문제를 만났을 때 어떻게 할까?
의견	야곱이 형에게 했던 것처럼 형의 감정을 풀기 위해 마음을 전하는 선물을 보낸다.
Q2	선물로 해결이 되지 않을 때 어떻게 할까?
의견	하나님과 나의 관계를 돌아본다. 먼저, 하나님께 서운하게 한 것이 있으면 하나님과 관계를 회복한다.
Q3	하나님과 사람과의 관계를 어떻게 회복할까?
의견	하나님께 나를 용서하고 받아주실 것을 간구하고, 사람에게도 솔직하게 용서를 구한다.

주 따르기

1. 본문을 적용하기

1) 본문에서 배운 것을 설명해 보아요.

(1) 본문에서 배운 말씀을 적어본다.

(2) 돌아가며 한 문장씩 말하거나 본문 말씀 전체의 줄거리를 말한다.

2) 본문에서 배운 것을 삶에서 순종해요.

(1) 하나님과 관계를 점검하기

(2) 도저히 혼자 해결할 수 없을 때는 하나님께 기도하며 지혜와 도우심을 구하기

(3) 내가 남에게 피해를 주었을 때는 잘못을 인정하고 용서를 구하며 피해 본 것은 보상하기

(4) 남이 나에게 잘 못 했을 때 하나님을 생각하며 진심으로 용서하기

(5) 남에게 잘못했을 때에 사과 편지 쓰기, 선물 드리기

2. 요절 암송: 창세기 32장 30절

그러므로 야곱이/ 그곳 이름을 브니엘이라 하였으니 /그가 이르기를 내가 하나님과
대면하여 보았으나 / 내 생명이 보전되었다 함이더라

3. 기도하기

1) 기도 제목을 서로 나누어요.

2) 서로 나눈 기도 제목과 오늘 배운 것을 순종하기 위해 기도해요.

제8과 이집트로 간 요셉

주께 향하기

1. 기도하기

2. 일상생활 나누기: 우리 삶의 마음속 이야기를 나누어요.

3. 본문 살펴보기

1) 성경 내용을 소개하기: 인도자가 본문 전체의 줄거리를 간단하게 설명해요.
2) 성경 읽기: 창세기 37장 2회 읽어요.
   교독(인도자, 참가자) → 혼자 읽기(중요하거나 감동 주는 낱말, 문장 줄긋기)
3) 중요한 낱말을 찾아보기

   야곱, 요셉, 채색옷, 꿈, 시기, 팔림, 애통

4) 중요한 문장을 찾기

   창세기 37장 7절, 26절

주께 배우기

1. 본문 이해를 위한 질문

1) 본문의 내용을 이해하기 위해 본문을 보고 사실 질문을 만들어요.
2) 본문에서 답을 찾아요.

※ 이 과의 이해를 위한 질문은 다음과 같이 게임으로 해요.

① A4용지 한 장을 접어 쪽지 8장을 만든다. 각 사람에게 4장의 쪽지를 나눠준다.
② 본문 성경을 보고 쪽지에 질문과 답을 적는다.
③ 쪽지를 모두 모아 가운데에 엎어놓고 순서를 정해 쪽지를 한 장씩 가져와 문제를 읽는다.
④ 문제를 듣고 답을 맞힌 사람이 쪽지를 가져간다.
   동시에 맞히면 가위바위보 해서 이긴 사람이 가져갈지 줄지 결정한다.
⑤ 문제의 정답을 모두 모를 경우에는 문제를 읽은 사람이 답을 말하고 가져간다.

이스라엘은 아들 중 누구를 가장 사랑했나요? (요셉)	요셉은 어디의 누구 소유가 되었나요? (애굽 바로 친위대장 보디발)
형들은 요셉을 뭐라고 불렀나요? (꿈꾸는 자)	해와 달과 별들이 요셉에게 절했다는 꿈을 듣고 아버지는 어떻게 했나요? (요셉의 말을 간직해 두었음)
형들은 요셉을 어디에 던졌나요? (물이 없는 구덩이)	요셉이 없어진 것을 보고 슬퍼한 형은 누구인가요? (르우벤)
요셉이 죽었다는 소식을 듣고 아버지는 어떻게 하셨나요? (자기 옷을 찢고 굵은 베로 허리를 묶고 오래도록 아들을 위해 애통함)	요셉은 어떤 꿈을 꾸었나요? (형들의 곡식단에 자기에게 절하였다. 해와 달과 열한 별이 자기에게 절하였다)

2. 본문 공감을 위한 질문

1) 본문에 나오는 인물이나 사건 등에 대한 생각이나 느낌을 묻는 질문을 만들어요.
2) 여러 질문 중에 한 질문을 선택해 생각이나 느낌을 쓰고 다 같이 나눠요.

번호	질문
1	요셉은 아버지가 제일 좋은 채색옷을 입혀 주셨을 때 어떤 생각이 들었을까?
2	요셉의 꿈 이야기를 들었을 때 형들은 어떤 마음이었을까?
3	형들이 자기를 죽이려고 구덩이에 던졌다가 미디안 사람들에게 팔았을 때 마음이 어땠을까?
4	이스라엘은 요셉이 죽었단 말을 듣고 마음이 어땠을까?
선택 질문 번호	생각, 느낌
3	요셉은 아버지 사랑을 독차지해서 제일 좋은 옷을 입었던 일, 아버지에게 형들의 잘못을 일렀던 일, 그리고 가족들에게 꿈 이야기를 했던 일을 후회했을 것 같다. 그러나 자기가 사랑했던 형들이 자기를 죽이려 하고 미디안 장사꾼들에게 팔았을 때 정말 두렵고 마음이 아팠을 것 같다. 아마 구덩이에 던져졌을 때, 미디안 장사꾼에게 팔렸을 때 형들을 부르며 살려달라고 큰 소리로 울면서 애원했을 것 같다. 하나님께 도와달라고 기도도 했을 것 같다.

3. 본문 참여를 위한 질문

1) 성경 본문 내용 속에 참여해 보아요.
2) 내가 성경 속 사건을 만났거나 성경 속 인물이라면 어땠을지 만약에 라는 질문을 만들어 의견을 써 보아요.
3) 만든 질문의 의견을 보고 또 질문을 만드는 꼬리에 꼬리를 무는 질문을 만들어요.
4) 질문과 의견을 서로 나누어요.

Q1	만약에 요셉이 아버지의 편애를 받지 않았다면 어떻게 되었을까?
의견	형들이 요셉을 미워하지 않았을 것이고 형제들의 사이가 좋았을 것이다. 형들은 요셉을 죽이려고 구덩이에 넣거나 다른 나라 사람들에게 팔지 않았을 것이다. 또, 요셉의 옷에 숫양의 피를 묻혀 죽었다고 아버지께 거짓말을 하지 않았을 것이다. 이스라엘은 아들 잃은 고통으로 옷을 찢고 베로 허리를 동이고 오랫동안 마음의 고통을 당하지 않았을 것이다.
Q2	가정에서 편애는 어떤 결과를 가져올까?
의견	편애는 가족이 서로 싸우게 하고 심하게 증오심을 갖게 하며 형제간에 사랑을 깨뜨리는 악의 씨앗이 되기도 한다. 부모들은 자녀를 기를 때 편애하지 않도록 조심하고 자녀들을 동등하게 사랑하도록 해야 한다고 생각한다.
Q3	자녀를 동등하게 사랑하는 방법은 뭘까?
의견	자녀 한 명, 한 명을 귀한 인격체로 존중하고 자녀의 능력이나 태도에 따라 대하지 않는 것. 자녀와 대화할 때 존중하는 맘으로 들어주기, 언어 사용에 있어 사랑의 언어 쓰기. 싸움할 때 한쪽 편들지 않기. 음식이나 선물 줄 때 동등하게 주기. 힘든 일을 만날 때 똑같이 전폭적으로 도와주기.

주 따르기

1. 본문을 적용하기

1) 본문에서 배운 것을 설명해 보아요.

(1) 본문에서 배운 말씀을 적어본다.

(2) 돌아가며 한 문장씩 말하거나 본문 말씀 전체의 줄거리를 말한다.

2) 본문에서 배운 것을 삶에서 순종해요.

1) 예수님의 자녀로 살도록 신앙교육 잘하기
2) 하나님께서 보내주신 자녀들을 공평하게 사랑하기
3) 자녀의 능력에 상관없이 격려하고 칭찬하기
4) 물질을 똑같이 주기
5) 형제를 존중하는 마음 갖기
6) 형제들의 어려움에 관심을 두고 돕기
7) 좋은 언어 사용하기. 대화 많이 하기. 도움도 받고 돕기
8) 형제가 좋아하는 것 같이하기.

2. 요절 암송: 창세기 37장 7절

우리가/ 밭에서/ 곡식 단을/ 청하건대/ 내가 꾼 꿈을/ 들으시오.

3. 기도하기

1) 기도 제목을 서로 나누어요.

2) 서로 나눈 기도 제목과 오늘 배운 것을 순종하기 위해 기도해요.

장애를 딛고 일어선 이승복 의사 부록

이승복은 1965년 서울에서 태어나 아홉 살 때 미국으로 이민을 갔다. 11세부터 기계체조를 배웠다. 1982년 국제 친선 주니어 체조대회 종합 3위로 올림픽 체조 대표팀의 예비선수로 발탁되었다. 그러나 1983년 7월 4일 연습 도중에 사고로 척수가 손상되어 가슴 아래와 오른손이 마비되었다. 9개월간의 재활치료를 받은 후 뉴욕대에 입학 해 문학을 선공했고 그곳에서 선교사로부터 복음을 듣게 되었다. 우리를 사랑하셔서 부르신 주님은 사람마다 계획이 있다는 것과 이 땅에서 온갖 경멸과 고난과 고통을 받으신 주님이 누구보다 더 자신의 아픔과 고통을 잘 알고 계신다는 선교사의 말과 주님이 계획하신 삶 안에는 감당할 힘이 있다는 것을 깨닫게 된 이승복은 예수님을 믿은 후 더는 금메달에 집착할 필요가 없다는 것을 알게 되었다. 그는 자신과 같은 사람들을 일으켜 세우고 싶은 제2의 꿈이 생겼고 모두가 말도 안 된다며 반대했던 '의사'가 되기 위해 공부를 했다. 그러나 인턴 생활을 하던 중 자신의 손과 발이었던 어머니도 중풍으로 왼쪽이 마비되어 두 개의 휠체어를 끌어야 했지만 그는 좌절하지 않았다. 주님이 감당할 힘을 이미 주셨다는 것을 믿었기 때문이다. 현재 존스홉킨스대 병원에서 재활의학 수석 전문의로 일하고 있다. <그는 환자들에게 자신이 체조 선수였다는 것 그리고 지금은 이렇게 휠체어에 의지하며 살지만, 하나님이 네 곁에 계심을 알고 꿈을 잃지 않는다면 나처럼 가치 있는 멋진 삶을 살 수 있다는 희망을 심어주는 의사로 살고 있다. 그는 다치기 전과 지금 중 어느 것을 택하려느냐고 하면 지금을 택하겠다고 말한다. 왜냐면 지금 그는 자신과 남을 위해 가장 가치 있는 삶을 살고 있기 때문이다.>

제9과 이집트의 총리가 된 요셉

주께 향하기

1. 기도하기

2. 일상생활 나누기: 우리 삶의 마음속 이야기를 나누어요.

3. 본문 살펴보기

1) 성경 내용을 소개하기: 인도자가 본문 전체의 줄거리를 간단하게 설명해요.
2) 성경 읽기: 창세기 41장 2회 읽어요.
   교독(인도자, 참가자) → 혼자 읽기(중요하거나 감동 주는 낱말, 문장 줄긋기)
3) 중요한 낱말을 찾아보기

   바로, 꿈, 살진, 일곱, 암소, 흉하고, 파리한, 마른 이삭, 점술가, 술 맡은 관원장, 요셉, 풍년, 흉년, 명철, 반지, 총리, 곡식, 므낫세, 에브라임, 하나님, 창고, 기근

4) 중요한 문장을 찾기

   창세기 41장 16절, 25절, 38절, 39절, 40절, 51절, 52절

주께 배우기

1. 본문 이해를 위한 질문

1) 본문의 내용을 이해하기 위해 본문을 보고 사실 질문을 만들어요.
2) 본문에서 답을 찾아요.

※ 이 과의 이해를 위한 질문은 다음과 같이 게임으로 해요.

① A4용지 한 장을 접어 쪽지 8장을 만든다. 각 사람에게 4장의 쪽지를 나눠준다.
② 본문 성경을 보고 쪽지에 질문과 답을 적는다.
③ 쪽지를 모두 모아 가운데에 엎어놓고 순서를 정해 쪽지를 한 장씩 가져와 문제를 읽는다.
④ 문제를 듣고 답을 맞힌 사람이 쪽지를 가져간다.
   동시에 맞히면 가위바위보 해서 이긴 사람이 가져갈지 줄지 결정한다.
⑤ 문제의 정답을 모두 모를 경우에는 문제를 읽은 사람이 답을 말하고 가져간다.

바로가 꾼 꿈 두 가지는 무엇인가요? (나일강에서 올라온 흉하고 파리한 소가 살진 일곱 소를 먹은 것, 충실한 일곱 이삭을 마른 일곱 이삭을 삼킨 것)	요셉의 둘째 아들 이름인 에브라임은 무슨 의미인가요? (하나님이 나를 내가 수고한 땅에서 번성하게 하셨다.)
꿈 해석을 듣고 바로는 요셉에게 어떻게 했나요? (하나님의 영에 감동된 사람이니 내 집을 다스리라. 애굽의 총리로 삼았음)	요셉은 바로의 꿈을 누가 하실 일을 보여 준 것이라 했나요? (하나님)
요셉은 바로의 꿈을 어떻게 해석했나요? (일곱 해 풍년과 일곱 해 기근)	요셉의 꿈 해석으로 복직하게 된 사람은 누구인가요? (술 맡은 관원장)
요셉은 누구와 결혼을 했나요? (온의 제사장 보디베라의 딸 아스낫)	바로의 꿈을 해석한 사람은 누구인가요? (요셉)

2. 본문 공감을 위한 질문

1) 본문을 읽고 생각이나 느낌을 가상의 요셉에게 질문하여 보세요
   ① 바로 왕을 만날 때 무섭지 않았나요?
   ② 옥에서 꺼내고 수염을 깎고 좋은 옷을 입힐 때 어떤 생각을 하였나요?
   ③ 바로의 꿈 풀이를 할 때 어떤 마음이었나요?
   ④ 애굽 총리가 되었을 때 마음이 어땠나요?
   ⑤ 애굽에서 결혼하고 아들을 낳았을 때 마음이 궁금해요?

2) 요셉의 역할을 맡은 사람이 질문에 답하기

3. 본문 참여를 위한 질문

1) 성경 본문 내용 속에 참여해 보아요.
2) 내가 성경 속 사건을 만났거나 성경 속 인물이라면 어땠을지 만약에 라는 질문을 만들어 의견을 써 보아요.
3) 만든 질문의 의견을 보고 또 질문을 만드는 꼬리에 꼬리를 무는 질문을 민들어요.
4) 질문과 의견을 서로 나누어요.

Q1	만약에 내가 요셉이라면 애굽 총리가 되었을 때 무슨 생각을 했을까?
의견	하나님께 감사하며 그동안 고생한 것들을 떠올려 보고 모든 일이 하나님의 계획 속에 있었다는 것을 깨닫고 눈물을 흘렸을 것 같다.
Q2	요셉은 그동안 고생한 일 중에서 무엇이 가장 아픈 기억으로 생각이 났을까?
의견	요셉은 형들에게 아버지 심부름을 하러 갔다. 요셉은 형들이 자기를 보자 죽이려고 구덩이에 빠뜨리고 애원하는 자기의 부탁을 거절하고 미디안 상인들에게 팔았던 일이 떠올랐을 것 같다. 그러나 지금 총리가 된 요셉은 형들에게 버림받았던 아픈 맘도 하나의 아름다운 추억으로 떠올랐을 것 같다. 그 고통이 오히려 지금의 상황에서 더 큰 기쁨을 누리게 했을 것이다. 모든 것이 하나님의 섭리였음을 알고 형들을 용서하며 마음에 감사가 충만했을 것 같다.

주 따르기

1. 본문을 적용하기

1) 본문에서 배운 것을 설명해 보아요.

(1) 본문에서 배운 말씀을 적어본다.

(2) 돌아가며 한 문장씩 말하거나 본문 말씀 전체의 줄거리를 말한다.

2) 본문에서 배운 것을 삶에서 순종해요.

(1) 하나님은 언제나 나와 함께 하신 분임을 기억하기

(2) 하나님은 고난 가운데서도 지켜주시니 걱정하지 말기

(3) 하나님을 사랑하기

(4) 지혜를 구하기

(5) 가장 좋은 길로 인도하시는 주님을 기억하기

2. 요절 암송: 창세기 41장 39절

요셉에게 이르되/ 하나님이 이 모든 것을 네게 보이셨으니/ 너와 같이 명철하고 지혜 있는 자가 없도다

3. 기도하기

1) 기도 제목을 서로 나누어요.

2) 서로 나눈 기도 제목과 오늘 배운 것을 순종하기 위해 기도해요.

고무다리 선교사 부록

미국의 어느 청년이 교회 예배에 참석하러 가는 중에 뜻밖의 교통사고를 당해 그만 오른쪽 다리를 잃어버렸어요. 청년의 교통사고 소식을 듣고 한 목사님이 찾아와서 성경 말씀으로 위로를 했지요.

"하나님을 사랑하는 자 그 뜻대로 부르심을 입은 자들에게는
모든 것이 협력하여 선을 이루느니라."
(롬8:28)

이 말씀을 들은 청년은 교회에 예배를 드리러 가다가 갑자기 사고를 당했는데 어떻게 선을 이룰 수 있는지 의심을 하였어요. 청년은 병원에 누워서 자신이 당한 사고를 곰곰이 생각하면 울화가 치밀기까지 했으며 치료를 끝낸 후 잃어버린 다리를 대신해서 고무다리를 끼고 퇴원하였어요. 그 후, 청년은 자의 반 타의 반으로 신학을 공부하고 선교사가 되어 아프리카 오지에 있는 식인종 지역으로 선교를 떠나게 되었답니다. 병신이 된 자신을 식인종에게 던져버리겠다는 자포자기의 심정이 어느 정도 작용한 때문도 있었지요. 그가 식인종이 사는 지역에 도착하자 식인종들은 무차별로 공격을 하기 시작했어요. 그런데 청년 선교사는 도망가지 않고 자신이 사고를 당해서 잃어버린 오른쪽 다리 대신 끼고 있는 고무다리를 식인종에게 내밀었어요. 식인종들은 칼로 그 다리를 힘껏 내리쳤지만, 고무다리라 전혀 효과가 나타나지 않았고 그들 스스로 도망치고 말았습니다. 그 후 선교사는 식인종들에게 자연스럽게 접근해서 선교에 커다란 성공을 거두었어요. 오른 다리를 사고로 잃었던 선교사는 그제야 자신이 사고를 당했을 때 목사님이 들려준 말씀이 진실이었음을 깨닫게 되었답니다.

(어린이를 변화시키는 이야기 131가지, 유재덕)

제10과 형들을 용서한 요셉

주께 향하기

1. 기도하기

2. 일상생활 나누기: 우리 삶의 마음속 이야기를 나누어요.

3. 본문 살펴보기

1) 성경 내용을 소개하기: 인도자가 본문 전체의 줄거리를 간단하게 설명해요.
2) 성경 읽기: 창세기 45장 2회 읽어요.
   교독(인도자, 참가자) → 혼자 읽기(중요하거나 감동 주는 낱말, 문장 줄긋기)
3) 중요한 낱말을 찾아 빙고 놀이하기

정	요셉	바로
형제	흉년	구원
아버지	베냐민	영화

4) 중요한 문장을 찾기

창세기 45장 5절, 8절

주께 배우기

1. 본문 이해를 위한 질문

1) 본문의 내용을 이해하기 위해 본문을 보고 질문을 만들어 보아요.
2) 본문에서 답을 찾아요.
※ 이 과의 이해를 위한 질문은 다음과 같이 게임으로 해요.
① A4용지 한 장을 접어 쪽지 8장을 만든다. 각 사람에게 4장의 쪽지를 나눠준다.
② 본문 성경을 보고 쪽지에 질문과 답을 적는다.
③ 쪽지를 모두 모아 가운데에 엎어놓고 순서를 정해 쪽지를 한 장씩 가져와 문제를 읽는다.
④ 문제를 듣고 답을 맞힌 사람이 쪽지를 가져간다.
동시에 맞히면 가위바위보 해서 이긴 사람이 가져갈지 줄지 결정한다.
⑤ 문제의 정답을 모두 모를 경우에는 문제를 읽은 사람이 답을 말하고 가져간다.

요셉이 형제들에게 자기를 알릴 때 형제들은 어떻게 했나요? (놀라서 말을 못 함)	왜 형제들이 요셉을 팔았다고 말했나요? (하나님이 생명을 구원하시려고 나를 당신들보다 먼저 보냈다 함)
요셉의 모든 가족은 애굽의 어디에 살기로 했나요. (고센 땅)	요셉이 형들을 보내며 그들에게 뭐라 했나요? (길에서 다투지 말라)

2. 본문 공감을 위한 질문

1) 본문에 나오는 인물이나 사건 등에 대한 생각이나 느낌을 묻는 질문을 만들어요.
2) 여러 질문 중에 한 질문을 선택해 생각이나 느낌을 쓰고 다 같이 나눠요.

번호	질문
1	요셉이 자기를 형제들에게 알릴 때 그 마음이 어땠을까?
2	요셉이 형제들을 용서한다고 말을 했을 때 형제들은 어떤 마음이었을까?
3	요셉이 애굽의 총리가 된 것을 알고 형제들은 어떤 마음이었을까?
4	요셉의 생존 소식과 바로가 준 선물, 수레를 본 이스라엘의 마음은 어땠을까?

선택 질문 번호	생각, 느낌
3	어린 시절 요셉의 꿈 이야기를 떠올렸을 것 같다. 그리고 그 꿈대로 된 것에 놀랐을 것이다. 요셉이 용서를 해서 안심이 되기는 했으나 두려운 마음도 있었을 것 같다. 하나님의 놀라운 섭리에 입을 다물지 못했을 것 같기도 하다.

3. 본문 참여를 위한 질문

1) 말씀에 참여할 것을 상상하여 만약에 라는 말을 넣어 질문을 만들어요.
2) 육하원칙을 사용하여 질문하면 더 쉬워요.
3) 질문과 의견을 서로 나누어요.

Q1	만약에 내가 요셉이라면 죽이려고 했던 형들을 어떻게 할까?
의견	보디발 집에서 종살이하다 누명 쓰고 감옥에 있었으나 고난 가운데에서도 하나님께서 자신을 지켜주셨음을 기억했다. 그리고 애굽 총리를 만들어 주신 하나님과 항상 동행하는 삶을 살았기에 모든 일이 하나님의 섭리 가운데 있었다는 것을 잘 알았을 것이다. 그래서 요셉은 형들을 용서하기 쉬웠을 것 같다. 만약에 나라면 요셉과 같은 경험을 하지 않았기에 용서하기가 무척 힘들었을 것 같다. 삶 속에서 하나님의 섭리와 역사를 체험해야 용서를 잘 할 수 있을 것 같다.

주 따르기

1. 본문을 적용하기

1) 본문에서 배운 것을 설명해 보아요.

(1) 본문에서 배운 말씀을 적어본다.

(2) 돌아가며 한 문장씩 말하거나 본문 말씀 전체의 줄거리를 말한다.

2) 본문에서 배운 것을 삶에서 순종해요.

(1) 내가 하나님으로부터 좋은 것을 은혜로 받은 것이 있으면 그 의미를 생각해보기
(2) 하나님의 일하심을 기억하며 삶 속에서 일어나는 작은 잘못 들을 용서하기
(3) 가족 간에 있는 잘못들이 있다면 먼저 용서를 구하자
(4) 학교에서 학생들과의 관계에서 용서하기

2. 요절 암송: 창세기 45장 8절 상반절

그런즉/ 나를 이리로 보낸 이는/ 당신들이 아니요 하나님이시라

3. 기도하기

1) 기도 제목을 서로 나누어요.

2) 서로 나눈 기도 제목과 오늘 배운 것을 순종하기 위해 기도해요.

만델라와 무가베 부록

남아프리카공화국은 자연이 아름답고 지하자원이 풍부한 살기 좋은 나라예요. 남아프리카공화국에는 위대한 인물 넬슨 만델라가 있어요. 그는 백인의 아파르트헤이트(남아프리카 공화국의 극단적인 인종차별정책과 제도)에 저항하여 27년 동안 감옥 생활을 하였지만, 나중에 풀려 나와서 진실화해위원회를 만들어 아파르트헤이트 범죄를 풀고 화해와 용서로 사람들의 상처를 치유하였어요. 그래서 그는 노벨 평화상을 받았고, 1994년 5월 10일에 첫 남아프리카공화국의 흑인 대통령이 되었어요. 만델라는 첫 연설에서 남아프리카공화국에 사는 흑인, 백인 모두가 동등한 새로운 나라를 만들겠다고 하였고, 화합을 핵심으로 나라를 다스렸어요. 그는 5년의 대통령 임기를 마치고 고향으로 돌아가 아름답게 생애를 마침으로 세계 모든 사람에게 존경받는 인물이 되었지요.

남아프리카공화국에 가까운 곳에 짐바브웨란 나라가 있어요. 이 나라 역시 빅토리아 폭포가 있고, 풍경이 아름답고 땅이 비옥하여 식량을 자급할 수 있을 정도로 살기 좋은 나라예요. 이 나라에도 무가베라는 훌륭한 독립 영웅이 있었어요. 그는 독립운동을 하다가 잡혀 10년 동안 감옥 생활을 하였지요. 무가베는 1980년 소수 백인이 지배하는 짐바브웨공화국을 무너뜨리고 독립하는 데 큰 공을 세워 대통령이 되어 국민화합에 힘썼고, 서구와도 원만한 관계를 유지했어요. 그러나 점점 반대파를 죽이고 백인재산을 몰수하였고 백인 농장을 습격하고 테러하는 흑인들을 방조했어요. 결국, 그는 흑인 히틀러로 불리게 되었고, 짐바브웨의 경제는 최하위 권으로 떨어졌답니다. 그런데도 그와 그의 가족은 초호화스런 생활을 하였고, 무가베는 41세 연하의 속기사와 10년의 불륜 끝에 결혼도 하였지요. 또한 그녀에게 권력을 이양하려다가 결국 군부 쿠데타가 일어나 37년 장기 집권의 막을 내리게 되었어요.

영웅 넬슨 만델라와 무가베의 삶을 비교해 보면 두 사람은 모두 기독교인이었고 나라를 위해 싸우다 감옥에 갔으며 나중에 대통령까지 되었어요. 하지만 세월이 흐른 후 두 사람의 결과는 달랐어요. 넬슨 만델라는 화해와 용서를 삶에서 실천하였으며 단 한 차례 대통령직만 하고 고향으로 내려갔어요. 후에 그는 노벨평화상을 받았으며 세계의 영원한 영웅으로 남게 되었지요. 그러나 원수를 갚고, 탐욕의 늪에 빠진 독재자 무가베는 37년 동안 독재자로 군림하여 나라를 망쳤고 본인의 삶도 매우 비참하게 막을 내렸답니다.

제11과 모세를 부르신 하나님

주께 향하기

1. 기도하기

2. 일상생활 나누기: 우리 삶의 마음속 이야기를 나누어요.

3. 본문 살펴보기

1) 성경 내용을 소개하기: 인도자가 본문 전체의 줄거리를 간단하게 설명해요.
2) 성경 읽기: 출애굽기 3장-4장17절, 2회 읽어요.
교독(인도자, 참가자) → 혼자 읽기(중요하거나 감동 주는 낱말, 문장 줄긋기)
3) 중요한 낱말을 찾아보기

모세, 호렙, 떨기나무, 여호와, 하나님, 거룩, 고통, 인도, 부르짖음, 젖과 꿀, 바로, 스스로 있는 자, 제사, 지팡이, 나병, 표적, 아론, 이적

4) 중요한 문장을 찾기

출애굽기 3장 5절, 8절, 12절, 14절, 15절, 4장 11절

주께 배우기

1. 본문 이해를 위한 질문

1) 본문의 내용을 이해하기 위해 본문을 보고 사실 질문을 만들어요.
2) 본문에서 답을 찾아요.
※ 이 과의 이해를 위한 질문은 다음과 같이 게임으로 해요.
① A4용지 한 장을 접어 쪽지 8장을 만든다. 각 사람에게 4장의 쪽지를 나눠준다.
② 본문 성경을 보고 쪽지에 질문과 답을 적는다.
③ 쪽지를 모두 모아 가운데에 엎어놓고 순서를 정해 쪽지를 한 장씩 가져와 문제를 읽는다.
④ 문제를 듣고 답을 맞힌 사람이 쪽지를 가져간다.
동시에 맞히면 가위바위보 해서 이긴 사람이 가져갈지 줄지 결정한다.
⑤ 문제의 정답을 모두 모를 경우에는 문제를 읽은 사람이 답을 말하고 가져간다.

떨기나무에 붙은 불을 보았던 산 이름은? (호렙산)	하나님은 자신을 어떻게 말씀하셨나요? (스스로 있는 자)
여호와가 모세에게 이스라엘 백성을 어떻게 하도록 하겠다 했나요? (애굽에서 이스라엘 자손을 인도하여 나오게 하리라)	하나님이 가까이 오지 말고 거룩한 땅이니 어떻게 하라고 하셨나요? (신을 벗어라)
바로가 어떻게 해야 이스라엘 백성을 보낼 거라 하셨나요? (애굽 중에 여러 가지 이적으로 그 나라를 친 후에 보내리라)	애굽을 나갈 때 어떻게 나가리라 하셨나요? (빈손으로 가지 않고 패물, 은 패물, 금패물, 의복, 애굽 사람의 물품을 취함)
지팡이를 던지니 무엇이 되었나요? (뱀)	모세가 누구랑 같이 출애굽의 일을 하게 하셨나요? (모세의 형 아론)

2. 본문 공감을 위한 질문

1) 본문에 나오는 인물이나 사건 등에 대한 생각이나 느낌을 묻는 질문을 만들어요.
2) 여러 질문 중에 한 질문을 선택해 생각이나 느낌을 쓰고 다 같이 나눠요.

번호	질문
1	떨기나무 불꽃 가운데에서 하나님의 음성을 들은 모세의 마음은 어땠을까?
2	모세에게 이스라엘 자손을 애굽에서 가나안 땅으로 인도하는 사명을 주셨을 때 모세의 마음은 어땠을까?
3	왜 하나님은 모세에게 지팡이로 뱀을 만드시고, 손이 나병이 들고 낫게 하는 기적을 경험하게 하셨을까?
4	모세가 입이 뻣뻣하여 말을 못 한다고 보낼만한 자를 보내소서 할 때 모세의 마음은 어땠을까?
선택 질문 번호	생각, 느낌
2	40살까지 왕궁에 있을 때 자신만만하여 이스라엘 백성을 도우려 했을 때 아무 힘을 발휘하지 못했다. 광야로 도망쳐서 40년 동안 양만 치고 있는 아무 능력도 없는 내가 어떻게 이스라엘 백성들을 애굽에서 구출하여 가나안 땅으로 데려갈 수 있을까? 자기에게는 그런 능력이 없어서 도저히 그 일을 감당할 수 없겠다고 생각하여 두렵고 떨렸을 것 같다.

Q1	만약에 모세가 40살 때 자신만만한 태도를 보이고 이스라엘 백성을 이끌고 가나안으로 갔다면 모세는 어떻게 했을까?
의견	자기 힘으로 이스라엘 백성들을 이끌고 가려고 했을 것이다. 사람들도 모세가 애굽 왕자로 있었기에 그의 능력을 믿고 처음에 잘 따라왔을 것 같다. 그러나 하나님의 도우심을 바라지 않고 자기 힘으로 이끌고 가다가 홍해나 광야를 만났을 때 이스라엘 백성들은 원망과 불평을 하고 서로 싸우다 결국 가나안을 가지 못하고 모세도 화를 내고 스스로 절망했을 것 같다.
Q2	이스라엘 백성이 가나안으로 가는 가장 쉬운 방법은 뭘까?
의견	어떤 상황에서도 불평이나 불만을 하지 않고 하나님의 도우심을 구하며 순종하는 것이요, 하나님을 절대 신뢰하고 믿는 것이다.
Q3	우리의 인생을 성공적으로 사는 방법은 무엇일까?
의견	예수님을 주인으로 모시고, 하나님 말씀을 보고 기도하며 그 말씀대로 하나님을 사랑하고 이웃을 사랑하며 내 뜻대로 살지 않고, 주님 뜻을 구하고 그 뜻대로 순종하며 사는 것이다.

주 따르기

1. 본문을 적용하기

1) 본문에서 배운 것을 설명해 보아요.

(1) 본문에서 배운 말씀을 적어본다.

(2) 돌아가며 한 문장씩 말하거나 본문 말씀 전체의 줄거리를 말한다.

2) 본문에서 배운 것을 삶에서 순종해요.

(1) 하나님께서 주신 사명이 무엇인지 먼저 알기

(2) 하나님께서 주신 사명에 충성하기

(3) 하나님으로부터 받은 사명이 있다면 그 사명을 위한 준비하기

2. 요절 암송: 출애굽기 2장 24절- 25절

하나님이 그들의 고통 소리를 들으시고/ 하나님이 아브라함과 이삭과 야곱에게 세운 그의 언약을 기억하사/ 하나님이 이스라엘 자손을 돌보셨고/ 하나님이 그들을 기억하셨더라

3. 기도하기

1) 기도 제목을 서로 나누어요.

2) 서로 나눈 기도 제목과 오늘 배운 것을 순종하기 위해 기도해요.

손 때 묻은 벽돌 한 장 부록

레이몬드 릴리(Raymond Lilly)라는 난폭하고 악한 흑인 청년이 있었다. 그에게 있어서 목사는 거추장스럽고 꼴도 보기 싫은 존재라 여겨졌다. 그래서 목사를 때려죽이겠다고 생각한 후 벽돌을 한 장 싸 들고 교회에 들어갔다.

목사님은 그것도 모르고 열심히 설교를 하고 있었다. 그런데 하나님은 설교 말씀을 통하여 릴리의 마음을 움직여 주셨다. 벽돌로 목사님의 머리를 치겠다고 들어간 릴리는 자기의 마음을 치게 되었다. 그는 하나님을 발견하고 새사람이 되었다.

수년 후에 세계의 최대 자선병원인 시카코 쿡크 카운티 병원에는 가난한 가운데 질병에 시달리거나 죽어가는 수천의 사람들을 헌신적으로 돌보는 흑인 목사님 한 명 있었다. '선한 사마리아인'이라는 별명을 가진 그는 바로 예전에 목사님을 벽돌로 죽이려 했던 릴리였다.

릴리 목사님의 장례식 예배당에는 손때가 묻은 벽돌 한 장이 전시되어 보는 이의 눈시울을 뜨겁게 하였다.

(어린이를 변화시키는 이야기 131가지, 유재덕)

제12과 홍해를 가르신 하나님

주께 향하기

1. 기도하기

2. 일상생활 나누기: 우리 삶의 마음속 이야기를 나누어요.

3. 본문 살펴보기

1) 성경 내용을 소개하기: 인도자가 본문 전체의 줄거리를 간단하게 설명해요.
2) 성경 읽기: 출애굽기 14장, 2회 읽어요.
교독(인도자, 참가자) → 혼자 읽기(중요하거나 감동 주는 낱말, 문장 줄긋기)
3) 중요한 낱말을 찾아 빙고 놀이하기

완악	영광	병거
부르짖다	여호와	매장지
구원	마른 땅	구름 기둥

예) 하나님의 사자 / 흑암 / 마른 땅 / 큰 능력 경외

4) 중요한 문장을 찾기

출애굽기 14장 13절, 14절, 17절, 21절, 25절, 30절

주께 배우기

1. 본문 이해를 위한 질문

1) 본문의 내용을 이해하기 위해 본문을 보고 사실 질문을 만들어요.
2) 본문에서 답을 찾아요.
※ 이 과의 이해를 위한 질문은 다음과 같이 게임으로 해요.
① A4용지 한 장을 접어 쪽지 8장을 만든다. 각 사람에게 4장의 쪽지를 나눠준다.
② 본문 성경을 보고 쪽지에 질문과 답을 적는다.
③ 쪽지를 모두 모아 가운데에 엎어놓고 순서를 정해 쪽지를 한 장씩 가져와 문제를 읽는다.
④ 문제를 듣고 답을 맞힌 사람이 쪽지를 가져간다.
동시에 맞히면 가위바위보 해서 이긴 사람이 가져갈지 줄지 결정한다.
⑤ 문제의 정답을 모두 모를 경우에는 문제를 읽은 사람이 답을 말하고 가져간다.

이스라엘 자손들은 홍해 근처 어디에 장막을 쳤나요? (바알스본 맞은편 바닷가)	누가 바로의 마음을 완악하게 했나요? (하나님)
무엇으로 바닷물을 갈라지게 하라고 하셨나요? (지팡이를 들고 손을 바다 위로 내밀어서)	홍해를 건넌 이스라엘 사람들은 어떤 마음이 되었나요? (여호와를 경외하고 모세를 믿게 되었음)

2. 본문 공감을 위한 질문

1) 본문에 나오는 인물이나 사건 등에 대한 생각이나 느낌을 모세에게 묻는 질문을 만들어요.
(1) 바로가 떠나라 할 때 마음은 어떠셨나요?
(2) 백성들을 이끌고 가나안을 향해 갈 때 어떤 마음이셨나요?
(3) 앞에는 홍해요 뒤에는 애굽 군대가 가까이 쫓아 올 때 마음이 어떠셨나요?
(4) 지팡이를 내밀었을 때 홍해가 갈라지는 것을 볼 때 마음이 어떠셨나요?
(5) 홍해를 건너는 마음이 궁금해요?
(6) 홍해를 다 건너고 애굽 군대가 수장 될 때 마음이 어떠셨나요?

2) 모세의 역할을 인도자 자녀(학생) 순으로 해요. 모세의 심정이 되어 질문에 답해요.

3. 본문 참여를 위한 질문

1) 성경 본문 내용 속에 참여해 보아요.
2) 내가 성경 속 사건을 만났거나 성경 속 인물이라면 어땠을지 만약에 라는 질문을 만들어 의견을 써 보아요.
3) 만든 질문의 의견을 보고 또 질문을 만드는 꼬리에 꼬리를 무는 질문을 만들어요.
4) 질문과 의견을 서로 나누어요.

Q1	만약에 내가 하나님께서 바다를 마른 땅으로 되게 한 것을 보았더라면 어땠을까?
의견	한 마디로 너무 놀라서 입을 다물지 못했을 것 같다. 진짜 하나님은 계시는구나! 나를 사랑하시는구나! 하나님이 정말 고맙다는 생각을 했을 것 같다. 하나님의 능력은 참으로 놀랍고 대단하시다. 못할 일이 없으시구나! 이런 하나님을 섬기고 사랑하며 하나님만을 찬양해야겠다는 생각을 했을 것 같다.
Q2	놀라운 하나님 사랑을 받은 우리는 어떻게 해야 할까?
의견	하나님을 찬양하고 하나님을 경배하며 하나님을 사랑하고, 하나님 말씀에 순종하고, 하나님께서 주신 사명을 잘 감당하자.
Q3	하나님의 말씀에 순종하는 방법은 뭘까?
의견	먼저 하나님께서 원하시는 것이 무엇인지 알기 위해 성경 말씀을 읽고 성경 말씀 속에서 깨달은 것을 순종할 수 있도록 주님께 도움을 구하자. 삶 속에서 주님의 말씀대로 살아내기 위해 힘쓰자.

요절 외우기 Tip

포스트잇에 요절을 적어 잘 보이는 곳에 두고 외운다. 포스트잇에 쓴 요절을 스마트폰으로 사진 찍어 sns등에 올려 수시로 보고 외운다. 문장 전체를 한꺼번에 외우기보다 끊어서(/) 반복하여 외우고, 오감을 활용하여 상상하며 외우면 쉽고 오래 기억이 남는다.

주 따르기

1. 본문을 적용하기

1) 본문에서 배운 것을 설명해 보아요.

(1) 본문에서 배운 말씀을 적어본다.

(2) 돌아가며 한 문장씩 말하거나 본문 말씀 전체의 줄거리를 말한다.

2) 본문에서 배운 것을 삶에서 순종해요.

(1) 하나님을 신뢰하는 마음으로 주님께 기도하며 잠잠히 기다리기

(2) 어떤 상황에서도 흔들리지 않고 감사하며 주님을 찬양하고, 주께 온전히 삶을 맡기기

(3) 일상생활에서 찾아오는 힘든 일들 속에서도 평안을 누리기

2. 요절 암송: 출애굽기 14장 14절

여호와께서 너희를 위하여 싸우시리니/ 너희는 가만히 있을지니라.

3. 기도하기

1) 기도 제목을 서로 나누어요.

2) 서로 나눈 기도 제목과 오늘 배운 것을 순종하기 위해 기도해요.

제13과 만나와 메추라기

주께 향하기

1. 기도하기

2. 일상생활 나누기: 우리 삶의 마음속 이야기를 나누어요.

3. 본문 살펴보기

1) 성경 내용을 소개하기: 인도자가 본문 전체의 줄거리를 간단하게 설명해요.
2) 성경 읽기: 출애굽기 16장 1-30절, 2회 읽어요.
교독(인도자, 참가자) → 혼자 읽기(중요하거나 감동 주는 낱말, 문장 줄긋기)
3) 중요한 낱말을 찾아 빙고 놀이하기

회중	원망	양식
인도	여호와의 영광	만나
메추라기	한 오멜	안식일

4) 중요한 문장을 찾기

출애굽기 16장 14절

주께 배우기

1. 본문 이해를 위한 질문

1) 본문의 내용을 이해하기 위해 본문을 보고 사실 질문을 만들어요.
2) 본문에서 답을 찾아요.

※ 이 과의 이해를 위한 질문은 다음과 같이 게임으로 해요.

① A4용지 한 장을 접어 쪽지 8장을 만든다. 각 사람에게 4장의 쪽지를 나눠준다.
② 본문 성경을 보고 쪽지에 질문과 답을 적는다.
③ 쪽지를 모두 모아 가운데에 엎어놓고 순서를 정해 쪽지를 한 장씩 가져와 문제를 읽는다.
④ 문제를 듣고 답을 맞힌 사람이 쪽지를 가져간다.
동시에 맞히면 가위바위보 해서 이긴 사람이 가져갈지 줄지 결정한다.
⑤ 문제의 정답을 모두 모를 경우에는 문제를 읽은 사람이 답을 말하고 가져간다.

모세와 아론을 이스라엘 온 회중이 광야에서 왜 원망했나요? (먹을 것이 없어서)	아침에는 무엇을 먹게 하고 저녁에는 무엇을 먹게 하겠다고 모세가 말했나요? (아침-떡, 저녁-고기)
여호와의 영광이 광야에서 어떻게 나타나셨나요? (구름 속)	먹을 것이 없자 이스라엘 백성은 어떻게 했나요? (원망)
만나를 매일 얼마씩 만나를 거두라 하셨나요? (한 사람 한 오멜)	만나를 아침까지 남기지 말라고 했는데 아침까지 둔 결과 어찌 되었나요? (벌레가 생기고 냄새가 났다.)
만나의 맛과 모양은 어떻게 생겼나요? (작고 둥글며 서리같이 가늘다. 희고 맛은 꿀 섞은 과자 같았다.)	일곱째 날에 만나를 거두러 나갔을 때 여호와께서 모세에게 뭐라 하셨나요? (어느 때까지 너희가 내 계명과 내 율법을 지키지 아니하려느냐?)

2. 본문 공감을 위한 질문

1) 본문에 나오는 인물이나 사건 등에 대한 생각이나 느낌을 묻는 질문을 만들어요.
2) 여러 질문 중에 한 질문을 선택해 생각이나 느낌을 쓰고 다 같이 나눠요.

번호	질문
1	이스라엘 백성들이 먹을 것이 없다고 애굽을 그리워하며 원망할 때 하나님의 마음은 어떠셨을까?
2	만나와 메추라기를 배불리 먹게 되었을 때 어떤 마음이 들었을까?
3	다음 날 먹을 만나를 남기지 말라고 했는데 남겨서 냄새나고 벌레가 생겼을 때 어떤 마음이 들었을까?
4	왜 항아리에 만나와 증거 판을 대대로 간직하게 하셨을까?
선택 질문 번호	생각, 느낌
3	하나님의 말씀을 듣지 않은 것이 창피하고 부끄러웠을 것 같다. 이 모습을 본 모세와 아론은 무척 속이 상했을 것이다. 하나님은 말을 듣지 않는 이스라엘 백성들이 안타깝고 화도 나시고 한심스럽기도 했을 것 같다. 홍해도 가르시고 지금까지 지켜주시고 인도해 주셨는데도 아직도 신뢰하지 않는 이스라엘 백성들의 어리석음에 한탄을 했을 것 같다.

3. 본문 참여를 위한 질문

1) 성경 본문 내용 속에 참여해 보아요.
2) 내가 성경 속 사건을 만났거나 성경 속 인물이라면 어땠을지 만약에 라는 질문을 만들어 의견을 써 보아요.
3) 만든 질문의 의견을 보고 또 질문을 만드는 꼬리에 꼬리를 무는 질문을 만들어요.
4) 질문과 의견을 서로 나누어요.

Q1	만약에 이스라엘 백성들이 먹을 것이 없고 힘들어도 하나님, 모세를 원망하지 않고 하나님께 도움을 구했다면 어떻게 되었을까?
의견	능력이 뛰어나시고 못 할 것이 없으시며 이스라엘 백성의 모든 사정과 형편을 아시는 하나님께서 모든 좋은 것으로 먹을 것과 입을 것을 공급하셨을 것 같다.
Q2	만약 나의 사정과 형편이 매우 어렵고 힘들다면 어떻게 해야 할까?
의견	모든 사정과 형편을 아시고 못 할 것이 없으신 하나님께 도우심을 간절히 구해야겠다.
Q3	어려울 때 하나님께 구하면 문제들을 정말 해결해 주실까?

의견	사람도 사랑하는 자녀에게 가장 좋은 것으로 주고 싶어 한다. 어찌 하나님께서 사랑하는 당신의 백성이 구하는 것을 주시지 않겠는가? 아무것도 염려하지 말고 오직 기도와 간구로 너희 구할 것을 감사함으로 하나님께 아뢰라. 주님을 의지하며 기도할 때 가장 좋은 것으로 주신다. 결국, 평강을 주시는 주님께 감사하고 찬양하게 될 것이다.

주 따르기

1. 본문을 적용하기

1) 본문에서 배운 것을 설명해 보아요.

(1) 본문에서 배운 말씀을 적어본다.

(2) 돌아가며 한 문장씩 말하거나 본문 말씀 전체의 줄거리를 말한다.

2) 본문에서 배운 것을 삶에서 순종해요.

(1) 어려운 일이나 힘든 일이 있을 때 불평을 하지 말기

(2) 사소한 일에도 불평이나 투덜거리지 말기

(3) 모든 일을 하나님께 감사로 시작하기

2. 요절 암송: 출애굽기 16장 14절

그 이슬이 마른 후에/ 광야 지면에 작고 둥글며 서리 같이 가는 것이 있는지라

3. 기도하기

1) 기도 제목을 서로 나누어요.

2) 서로 나눈 기도 제목과 오늘 배운 것을 순종하기 위해 기도해요.

제14과 열두명의 정탐군

주께 향하기

1. 기도하기

2. 일상생활 나누기: 우리 삶의 마음속 이야기를 나누어요.

3. 본문 살펴보기

1) 성경 내용을 소개하기: 인도자가 본문 전체의 줄거리를 간단하게 설명해요.
2) 성경 읽기: 민수기 14장 1절-25절 2회 읽어요.
   교독(인도자, 참가자) → 혼자 읽기(중요하거나 감동 주는 낱말, 문장 줄긋기)
3) 중요한 낱말을 찾아 빙고 놀이하기

사십 년	원망	갈렙
회중	여호수아	정탐
아름다운 땅	여호와의 영광	인자

4) 중요한 문장을 찾기

민수기 14장 8절, 9절, 24절, 28절

주께 배우기

1. 본문 이해를 위한 질문

1) 본문의 내용을 이해하기 위해 본문을 보고 사실 질문을 만들어요.
2) 본문에서 답을 찾아요.

※ 이 과의 이해를 위한 질문은 다음과 같이 게임으로 해요.

① A4용지 한 장을 접어 쪽지 8장을 만든다. 각 사람에게 4장의 쪽지를 나눠준다.
② 본문 성경을 보고 쪽지에 질문과 답을 적는다.
③ 쪽지를 모두 모아 가운데에 엎어놓고 순서를 정해 쪽지를 한 장씩 가져와 문제를 읽는다.
④ 문제를 듣고 답을 맞힌 사람이 쪽지를 가져간다.
동시에 맞히면 가위바위보 해서 이긴 사람이 가져갈지 줄지 결정한다.
⑤ 문제의 정답을 모두 모를 경우에는 문제를 읽은 사람이 답을 말하고 가져간다.

이스라엘 백성들은 어떻게 애굽으로 돌아가자고 했나요? (한 지휘관을 세우고)	정탐한 땅은 심히 아름답고 여호와께서 기뻐하시면 그 땅을 우리에게 주시리라. 여호와는 함께 하시니 두려워하지 말라 한 사람은 누구인가요? (여호수아와 갈렙)
불평하는 백성들에게 어떤 벌을 내렸나요? (전염병)	불평했던 사람들을 용서해 주라고 여호와께 간절히 구한 사람은 누구인가요? (모세)

2. 본문 공감을 위한 질문

1) 본문에 나오는 인물이나 사건 등에 대한 생각이나 느낌을 묻는 질문을 만들어요.
2) 여러 질문 중에 한 질문을 선택해 생각이나 느낌을 쓰고 다 같이 나눠요.

번호	질문
1	하나님을 원망하고 밤새도록 통곡하는 이스라엘 사람들의 모습을 볼 때 하나님의 마음은 어떠셨을까?
2	지도자를 뽑아 애굽으로 가자 하던 사람들의 마음은 어떤 마음이었을까?
3	이스라엘 백성을 전염병으로 쳐서 멸하고 그들보다 크고 강한 나라를 만들겠다고 하실 때 모세는 어떤 생각을 했을까?
4	원망하고 가나안 땅에 못 들어간다고 했던 어른들은 40년 동안 광야에서 살아야 한다는 말을 듣고 어떤 생각을 했을까?

선택 질문 번호	생각, 느낌
1	애굽에서의 기적, 홍해를 가르셨던 기적, 반석에서 물을 내서 주셨던 기적, 만나와 메추라기를 먹었던 기적, 불기둥 구름 기둥으로 인도하셨던 수많은 기적을 보고도 하나님을 의지하지 않고 눈앞의 보이는 것만 보고 인간적인 판단을 하며 하나님을 원망하고 통곡하는 어리석은 백성들을 볼 때 정말 한심스럽고 답답하고 배은망덕한 모습에 토해버리고 싶은 심정이 아니셨을까?

3. 본문 참여를 위한 질문

1) 성경 본문 내용 속에 참여해 보아요.
2) 내가 성경 속 사건을 만났거나 성경 속 인물이라면 어땠을지 만약에 라는 질문을 만들어 의견을 써 보아요.
3) 만든 질문의 의견을 보고 또 질문을 만드는 꼬리에 꼬리를 무는 질문을 만들어요.
4) 질문과 의견을 서로 나누어요.

Q1	만약에 이스라엘 백성들이 여호수아와 갈렙의 말을 들었더라면 어떻게 되었을까?
의견	40년 동안 광야에서 방황하지 않고 가나안에 들어가서 행복하게 살 수 있었을 것이다.
Q2	우리도 열 명의 정탐꾼처럼 삶 속에서 하나님을 신뢰하지 못해 고난받는 경우가 있을까?
의견	우리가 삶을 사는 동안 염려하고 근심하고 걱정하는 모든 것들은 하나님을 전적으로 신뢰하지 못하고 인간적인 욕심과 죄로 인해 삶 속에서 고난을 받게 되는 것 같다.전적으로 신뢰하고 하나님께 인생을 맡기면 하나님께서 가장 좋은 길로 인생길을 인도해 주실 것이다.

주 따르기

1. 본문을 적용하기

1) 본문에서 배운 것을 설명해 보아요.

(1) 본문에서 배운 말씀을 적어본다.

(2) 돌아가며 한 문장씩 말하거나 본문 말씀 전체의 줄거리를 말한다.

2) 본문에서 배운 것을 삶에서 순종해요.

(1) 하나님을 섬기는 동안에 어려운 일을 만날 때 주님 신뢰하기

(2) 쓸데없는 염려 근심하지 않기

(3) 나의 앞길, 자녀의 앞길을 주께 맡기기

2. 요절 암송: 민수기 14장 8절

여호와께서 우리를 기뻐하시면/ 우리를 그 땅으로 인도하여 들이시고/

그 땅을 우리에게 주시리라/ 이는 과연 젖과 꿀이 흐르는 땅이니라.

3. 기도하기

1) 기도 제목을 서로 나누어요.

2) 서로 나눈 기도 제목과 오늘 배운 것을 순종하기 위해 기도해요.

희망과 절망 부록

어느 구두 회사의 두 세일즈맨의 이야기입니다. 구두 회사는 아프리카에서 그들의 상품에 대한 시장성을 파악하기 위해 두 세일즈맨을 파견했어요. 두 사람은 몇 주일 동안 철저히 조사한 후, 본사에 각각 다른 내용의 전보를 보냈어요. 한 사람은 '이곳은 아무도 구두를 신지 않습니다. 시장성이 하나도 없고 상황이 절망적입니다.' 그러나 나머지 한 사람은 전혀 다른 전보를 보냈어요. '이곳은 아무도 구두를 신지 않습니다. 그러니 시장성은 무한합니다. 경쟁자가 하나도 없습니다. 상황은 희망적입니다.'라고요! 이런 사례는 성경에서도 나온답니다. 모세의 명령으로 가나안 땅을 정탐한 12명은 젖과 꿀이 흐르는 비옥한 땅을 보았습니다. 정탐꾼 중 10명은

"우리는 그들 앞의 메뚜기입니다. 우리는 도저히 그곳을 정복할 수 없습니다." 라고 말했어요.

결국, 그들은 하나님의 진노로 결국 아무도 가나안 땅에 들어가지 못했지요. 하지만 하나님이 함께하시기에 그들은 우리의 밥이라고 했던 여호수아와 갈렙은 가나안땅에 들어갈 수 있었답니다.

제15과 여리고 성이 무너졌어요

주께 향하기

1. 기도하기

2. 일상생활 나누기: 우리 삶의 마음속 이야기를 나누어요.

3. 본문 살펴보기

1) 성경 내용을 소개하기: 인도자가 본문 전체의 줄거리를 간단하게 설명해요.
2) 성경 읽기: 여호수아 6장, 2회 읽어요.
   교독(인도자, 참가자) → 혼자 읽기(중요하거나 감동 주는 낱말, 문장 줄긋기)
3) 중요한 낱말을 찾아보기

   여리고성, 제사장, 나팔, 성벽, 여호와의 궤, 여호수아, 일곱 번, 라합, 온전히, 정탐, 소문

4) 중요한 문장을 찾기

   여호수아 6장 27절

주께 배우기

1. 본문 이해를 위한 질문

1) 본문의 내용을 이해하기 위해 본문을 보고 사실 질문을 만들어요.
2) 본문에서 답을 찾아요.

	질문	답
1.	하나님께서 여호수아에게 네 손에 무엇을 넘겨주었다고 하셨나요?	여리고성, 왕과 용사들
2.	이스라엘 군사들은 엿새 동안 성 주위를 매일 몇 번씩 도라고 하셨나요?	한 번

3.	일곱째 날에는 성을 몇 번 돌고, 제사장을 무엇을 하라고 했나요?	일곱 번, 나팔 불기
4.	어떻게 하면 성벽이 무너진다고 했나요?	일곱 바퀴를 돌고, 나팔을 길게 부는 소리가 들릴 때, 큰소리를 외치면 무너진다고 함
5.	누구의 가족만 살리라고 했나요?	기생 라합

2. 본문 공감을 위한 질문

1) 본문에 나오는 인물이나 사건 등에 대한 생각이나 느낌을 묻는 질문을 만들어요.
2) 여러 질문 중에 한 질문을 선택해 생각이나 느낌을 쓰고 다 같이 나눠요.

번호	질문
1	여리고 성을 돌 때 여리고 성 사람들은 어떤 생각이 들었을까?
2	여호와께서 견고한 여리고 성과 그 왕과 용사들을 다 넘겨주신다는 말씀을 하실 때 여호수아는 어떤 마음이었을까?
3	일곱째 날 여리고 성을 돌고 나팔을 불고 소리칠 때 여리고 성이 와르르 무너진 것을 본 사람들의 마음이 어땠을까?
4	여리고 성의 사람들은 다 죽었지만, 기생 라합의 가족은 살게 되었을 때 라합은 어떤 마음이었을까?
선택 질문 번호	**생각, 느낌**
3	이스라엘 사람들은 하나님의 일하심에 놀라고 감동하고 기쁨의 눈물을 주체할 수 없었을 것 같다. 하나님을 찬양하며 경배하며 감사했을 것이다. 살아계신 하나님을 눈으로 확인하고 손으로 만지는 느낌이 들었을 것 같다. 그러나 여리고 성 사람들은 너무나 큰 충격에 기절할 만큼 놀랐을 것이다. 두렵고 떨리고 너무나 무서워서 어찌할 바를 알지 못했을 것 같다.

3. 본문 참여를 위한 질문

1) 성경 본문 내용 속에 참여해 보아요.
2) 내가 성경 속 사건을 만났거나 성경 속 인물이라면 어땠을지 만약에 라는 질문을 만들어 의견을 써 보아요.
3) 만든 질문의 의견을 보고 또 질문을 만드는 꼬리에 꼬리를 무는 질문을 만들어요.
4) 질문과 의견을 서로 나누어요.

Q1	만약에 내가 여리고 성이 무너지는 모습을 보았다면 어떤 생각을 했을까?
의견	하나님은 살아계시는구나! 오직 내가 섬기며 따라야 할 분은 주님밖에 없다는 것을 실감했을 것 같다. 주께서 하시는 일은 너무도 놀랍고 위대하여서 말로 표현할 수 없을 것 같다.
Q2	놀랍고 위대한 일을 하신 주님을 어떻게 섬겨야 할까?
의견	하나님을 나의 주인으로 모시고 항상 찬양하며 감사하자. 무엇을 하든지 주님이라면 어떻게 할까 생각하며 모든 결정을 하자. 일상의 삶을 살면서 늘 주님께 기도하며 주의 뜻을 구하자.
Q3	어떻게 하면 하나님을 주인으로 모시는 삶을 살 수 있을까?
의견	종은 주인이 하라는 대로 하는 것이다. 주님이 하라는 대로 살려면 말씀의 핵심인 하나님을 사랑하고 이웃을 사랑하는 사람이 되자. 너희는 먼저 그의 나라와 그의 의를 구하라는 말씀을 순종하자. 성경에 있는 말씀대로 살려고 노력하자.

요절 외우기 Tip

포스트잇에 요절을 적어 잘 보이는 곳에 두고 외운다. 포스트잇에 쓴 요절을 스마트폰으로 사진 찍어 sns등에 올려 수시로 보고 외운다. 문장 전체를 한꺼번에 외우기보다 끊어서(/) 반복하여 외우고, 오감을 활용하여 상상하며 외우면 쉽고 오래 기억이 남는다.

주 따르기

1. 본문을 적용하기

1) 본문에서 배운 것을 설명해 보아요.

(1) 본문에서 배운 말씀을 적어본다.

(2) 돌아가며 한 문장씩 말하거나 본문 말씀 전체의 줄거리를 말한다.

2) 본문에서 배운 것을 삶에서 순종해요.

(1) 매일 말씀 묵상에서 발견한 하나님의 말씀에 순종하기

(2) 불신자 가운데서 복음에 관심이 있는 자들을 찾아서 복음 전하기

(3) 소외된 작은 자도 무시하지 않고 도와주기

2. 요절 암송: 여호수아 6장 27절

여호와께서 여호수아와 함께하시니/ 여호수아의 소문이 그 온 땅에 퍼지니라

3. 기도하기

1) 기도 제목을 서로 나누어요.

2) 서로 나눈 기도 제목과 오늘 배운 것을 순종하기 위해 기도해요.

제16과 삼손과 드릴라

주께 향하기

1. 기도하기

2. 일상생활 나누기: 우리 삶의 마음속 이야기를 나누어요.

3. 본문 살펴보기

1) 성경 내용을 소개하기: 인도자가 본문 전체의 줄거리를 간단하게 설명해요.
2) 성경 읽기: 사사기 16장 2회 읽어요.
   교독(인도자, 참가자) → 혼자 읽기(중요하거나 감동 주는 낱말, 문장 줄긋기)
3) 중요한 낱말을 찾아 빙고 놀이하기

삼손	기생	들릴라
블레셋	큰 힘	희롱
삭도	머리털 일곱 가닥	두 기둥

4) 중요한 문장을 찾기

사사기 16장 28절

주께 배우기

1. 본문 이해를 위한 질문

1) 본문의 내용을 이해하기 위해 본문을 보고 사실 질문을 만들어요.
2) 본문에서 답을 찾아요.

삼손이 사랑한 여인은 누구인가요? (드릴라)	드릴라는 삼손의 힘이 어디서 오는지 계속 묻자 어떻게 했나요? (머리를 밀면 힘이 빠진다고 말했다)
블레셋 사람들은 힘이 빠진 삼손을 어떻게 했나요? (눈을 빼고 놋 줄로 매고 옥에서 맷돌을 돌리게 함)	삼손은 어떻게 죽었나요? (많은 사람이 모여 다곤 신에게 제사하고 즐거워 할 때 집을 버틴 두 기둥을 무너뜨려 삼손이 살았을 때 죽인 자보다 많은 사람과 함께 죽음)

2. 본문 공감을 위한 질문

1) 본문에 나오는 인물이나 사건 등에 대한 생각이나 느낌을 묻는 질문을 만들어요.
2) 여러 질문 중에 한 질문을 선택해 생각이나 느낌을 쓰고 다 같이 나눠요.

번호	질문
1	왜 삼손은 블레셋 여인을 좋아했을까?
2	왜 들릴라는 삼손을 이용했을까?
3	삼손이 머리털을 깎게 되고 힘이 없을 때 마음이 어땠을까?
4	삼손이 기둥을 무너뜨리고 블레셋 사람들과 죽기를 각오할 때 어떤 마음이었을까?
선택 질문 번호	생각, 느낌
3	들릴라가 자기를 사랑하지 않았다는 것을 알고 블레셋 여자를 사랑한 것을 후회했을 것이다. 또한 하나님이 나실인의 사명을 주셨는데 그것을 가볍게 여긴 자신의 잘못을 후회했을 것 같다.

3. 본문 참여를 위한 질문

1) 성경 본문 내용 속에 참여해 보아요.
2) 내가 성경 속 사건을 만났거나 성경 속 인물이라면 어땠을지 만약에 라는 질문을 만들어 의견을 써 보아요.
3) 만든 질문의 의견을 보고 또 질문을 만드는 꼬리에 꼬리를 무는 질문을 만들어요.
4) 질문과 의견을 서로 나누어요.

Q1	만약에 삼손이 블레셋 여인 들릴라를 사랑하지 않았다면 어떻게 되었을까?
의견	머리털을 깎일 일이 없었을 것이고 나실인으로 사명을 잘 감당했을 것이다. 비참하게 눈을 뽑힐 일도 없었을 것이고 슬프게 죽지도 않았을 것이다.
Q2	나실인의 사명을 잘 감당했으면 어떻게 되었을까?
의견	사사로 사명을 잘 감당하여서 블레셋 사람들이 이스라엘 백성들을 괴롭히지 않았을 것이고 하나님의 일군으로 하나님께 영광이 되고 블레셋 사람들에게 비웃음거리가 되지 않았을 것이다.
Q3	하나님의 택함 받은 사람은 어떻게 살아야 할까?
의견	하나님의 선하시고 기뻐하시고 온전한 뜻을 알아 그 뜻대로 살아가야 할 것이다. 내가 좋아하는 것 내 맘대로 살지 않고 주의 말씀에 귀 기울여 듣고 순종하여 살면 결국 행복과 감사와 평화와 구원의 기쁨을 누리는 복된 삶을 살 게 될 것이다.

요절 외우기 Tip

포스트잇에 요절을 적어 잘 보이는 곳에 두고 외운다. 포스트잇에 쓴 요절을 스마트폰으로 사진 찍어 sns등에 올려 수시로 보고 외운다. 문장 전체를 한꺼번에 외우기보다 끊어서(/) 반복하여 외우고, 오감을 활용하여 상상하며 외우면 쉽고 오래 기억이 남는다.

주 따르기

1. 본문을 적용하기

1) 본문에서 배운 것을 설명해 보아요.

(1) 본문에서 배운 말씀을 적어본다.

(2) 돌아가며 한 문장씩 말하거나 본문 말씀 전체의 줄거리를 말한다.

2) 본문에서 배운 것을 삶에서 순종해요.

(1) 하나님께서 주신 사명에 장애가 되는 것을 찾고 버리기

(2) 하나님께서 주신 사명을 감당하는데 필요한 것을 찾고 기도하기

2. 요절 암송: 사사기 16장 28절

삼손이 여호와께 부르짖어 이르되/ 주 여호와여 구하옵나니/ 나를 생각하옵소서 하나님이여/ 구하옵나니 이번만 나를 강하게 하사/ 나의 두 눈을 뺀 블레셋 사람에게/ 원수를 단번에 갚게 하옵소서 하고

3. 기도하기

1) 기도 제목을 서로 나누어요.

2) 서로 나눈 기도 제목과 오늘 배운 것을 순종하기 위해 기도해요.

제17과 하나님을 붙잡은 룻

주께 향하기

1. 기도하기

2. 일상생활 나누기: 우리 삶의 마음속 이야기를 나누어요.

3. 본문 살펴보기

1) 성경 내용을 소개하기: 인도자가 본문 전체의 줄거리를 간단하게 설명해요.
2) 성경 읽기: 룻기 1장 1-18절, 2회 읽어요.
   교독(인도자, 참가자) → 혼자 읽기(중요하거나 감동 주는 낱말, 문장 줄긋기)
3) 중요한 낱말을 찾아보기

   사사, 베들레헴, 유다, 엘리멜렉, 나오미, 말론, 기룐, 모압, 오르바, 룻, 며느리, 어머니, 백성, 하나님

4) 중요한 문장을 찾기

   룻기 1장 16절

주께 배우기

1. 본문 이해를 위한 질문

1) 본문의 내용을 이해하기 위해 본문을 보고 사실 질문을 만들어요.
2) 본문에서 답을 찾아요.

※ 이 과의 이해를 위한 질문은 다음과 같이 게임으로 해요.

① A4용지 한 장을 접어 쪽지 8장을 만든다. 각 사람에게 4장의 쪽지를 나눠준다.
② 본문 성경을 보고 쪽지에 질문과 답을 적는다.
③ 쪽지를 모두 모아 가운데에 엎어놓고 순서를 정해 쪽지를 한 장씩 가져와 문제를 읽는다.
④ 문제를 듣고 답을 맞힌 사람이 쪽지를 가져간다.
   동시에 맞히면 가위바위보 해서 이긴 사람이 가져갈지 줄지 결정한다.
⑤ 문제의 정답을 모두 모를 경우에는 문제를 읽은 사람이 답을 말하고 가져간다.

나오미를 가족들은 흉년에 어디 지방으로 갔나요? (모압 지방)	자신을 나오미라고 부르는 자들에게 자기를 어떻게 부르라 했나요? (마라)
나오미는 룻과 함께 어디로 돌아갔나요? (베들레헴)	룻은 무어라고 하며 끝까지 시어머니를 따라갔나요? (어머니께서 가시는 곳에 나도 가고 어머니께서 머무시는 곳에서 나도 머물겠나이다 어머니의 백성이 나의 백성이 되고 어머니의 하나님이 나의 하나님이 되시리니 어머니께서 돌아가시는 곳에서 나도 죽어 거기 묻힐 것이라 만일 내가 죽는 일 외에 어머니를 떠나면 여호와께서 내게 벌을 내리시고 더 내리시기를 원하나이다)

2. 본문 공감을 위한 질문

1) 본문에 나오는 인물이나 사건 등에 대한 생각이나 느낌을 묻는 질문을 만들어요.
2) 여러 질문 중에 한 질문을 선택해 생각이나 느낌을 쓰고 다 같이 나눠요.

번호	질문
1	엘리멜렉이 베들레헴을 떠나 모압으로 갈 때 마음이 어땠을까?
2	남편과 두 아들이 모압에서 죽었을 때 나오미는 어떤 생각을 했을까?
3	왜 룻은 끝까지 시어머니를 떠나지 않았을까?
4	룻이 시어머니를 끝까지 떠나지 않고 함께 했을 때 나오미는 마음이 어땠을까?
선택 질문 번호	생각, 느낌
3	룻은 나오미와 함께 하나님을 섬기고자 했다. 또한 시어머니를 사랑해서 끝까지 봉양해야 한다는 의무감을 느끼고 있었던 것 같다.

3. 본문 참여를 위한 질문

1) 성경 본문 내용 속에 참여해 보아요.
2) 내가 성경 속 사건을 만났거나 성경 속 인물이라면 어땠을지 만약에 라는 질문을 만들어 의견을 써 보아요.
3) 만든 질문의 의견을 보고 또 질문을 만드는 꼬리에 꼬리를 무는 질문을 만들어요.
4) 질문과 의견을 서로 나누어요.

Q1	만약에 나라면 모든 걸 잃은 시어머니를 따라갔을까?
의견	가난하고 힘도 없는 시어머니를 따라간다는 것은 많은 고생을 해야 하는 일이다. 아마도 희망이 없어서 따라가기가 힘들었을 것이다. 그러나 시어머니로부터 하나님을 만나게 되었다면 시어머니를 따라갈 것이다.
Q2	만약에 시어머니를 따라가지 않으면 어떻게 되었을까?
의견	이방 모압 지방에서 살면 시어머니의 하나님을 믿을 수도 없고 룻이 만난 보아스도 만나지 못하고 축복받은 삶을 살 수 없었을 것이다.
Q3	축복받는 길로 가는 선택을 하려면 어떻게 해야 할까?
의견	세상의 눈으로 판단을 하지 않고 하나님 편에서 판단을 해야 하고 믿음의 길로 가는 쪽으로 결정을 해야 할 것이다. 나오미를 따라가야만 하나님 백성으로 살 수 있다. 세상의 부귀영화 보다 구원의 길을 선택하는 지혜가 최고다.

주 따르기

1. 본문을 적용하기

1) 본문에서 배운 것을 설명해 보아요.

(1) 본문에서 배운 말씀을 적어본다.

(2) 돌아가며 한 문장씩 말하거나 본문 말씀 전체의 줄거리를 말한다.

2) 본문에서 배운 것을 삶에서 순종해요.

(1) 부모님 신앙 배우기

(2) 부모님을 위해 기도하고 전도하기

(3) 부모님께 효도하기

(4) 부모님이 좋아하시는 것 사드리기

(5) 부모님과 사랑의 대화하기

2. 요절 암송: 룻기 1장 16절

룻이 이르되/ 내게 어머니를 떠나며/ 어머니를 따르지 말고 돌아가라 강권하지 마옵소서./

어머니께서 가시는 곳에 나도 가고/ 어머니께서 머무시는 곳에서 나도 머물겠나이다./

어머니의 백성이 나의 백성이 되고/ 어머니의 하나님이 나의 하나님이 되시리니

3. 기도하기

1) 기도 제목을 서로 나누어요.
2) 서로 나눈 기도 제목과 오늘 배운 것을 순종하기 위해 기도해요.

우리 아버지를 만 달러에 팝니다! 부록

미국 신문에 난 기사의 제목이었습니다. 기사는 어떤 사람의 아버지가 수년 전부터 중풍과 치매로 병석에 누워계신다는 내용이었습니다. 그 사람은 수년간 아버지를 간호하며 밥도 먹여 드리고 대소변까지 받아 냈지만, 긴병에 효자가 없다는 말처럼 지쳐서 더 이상 감당할 수 없었습니다. 그래서 고민 끝에 아버지를 만 달러에 팔기로 하고 사 갈 사람은 전화해 달라는 것이었어요. 그 광고가 나간 뒤 어떤 젊은이 내외로부터 자신들이 사겠다는 전화가 왔습니다. 광고 낸 사람은 젊은 내외에게 환자를 돌보는 것이 쉬운 일이 아니니 일주일간 더 생각해 보고 꼭 사고 싶다는 생각이 들거든 그때 다시 전화해 달라고 하였답니다. 그 후, 일주일 되는 날 그들은 깊이 생각해 보았지만 역시 아버지를 사서 모시기로 부부가 합의하였다는 것이었습니다. 그가 젊은 부부에게 결심한 이유를 물어보았더니 대답하기를, 자기 내외는 어릴 적 보육원에서 자라서 부모님의 얼굴도 모르고 자랐지만, 지금은 결혼하여 아들과 딸도 낳고 복된 가정을 이루고 살고 있다고 해요. 그래서 아버지 어머니라고 부르면서 모시고 살 수 있는 분이 계시면 좋겠고 아이들도 할아버지와 할머니가 계시면 더욱더 좋겠다고 하여 넉넉한 형편은 아니지만, 아버지를 사서 친아버지같이 모시면서 효도를 하고 싶다는 것이었습니다. 그 말을 들은 광고 낸 사람은, 다시 한번 정말로 우리 아버지를 사서 모실 결심이 되어있으면 일만 달러를 갖고 와서 모시고 가라며 주소를 알려 주었답니다. 젊은이 내외는 아버지가 생긴다는 생각에 기뻐서 알려준 주소로 찾아갔습니다. 그런데 그곳은 미국에서도 부자들만 사는 마을에 있는 아주 큰 집이었답니다. 잘못 찾아왔나 싶어서 문패를 보고 주소와 이름을 확인하니 광고를 낸 사람과 똑같았어요. 드디어 벨을 누르니 하인이 나와서 대문을 열어주었고 안을 들어가 보니 마당에는 수영장과 최고급 차가 있었습니다, 집 안으로 들어가 보니 실내는 호텔처럼 꾸며져 있었으며 그곳엔 노신사가 앉아계셨지요. 젊은이 내외는 살기가 어려워서 아버지를 파는 것인 줄 알고 왔는데 생각과는 너무도 다른 분위기라 '잘못 찾아온 것은 아닌가?'라고 어리둥절하였어요. 만일 이 집이 맞는다면 왜 자기 아버지를 판단 말인지 이해가 되지 않았답니다. 멍하니 서 있는 젊은 부부를 보고 노신사가 앉길 권하며 하는 말이 본인이 광고를 낸 사람이 맞는다는 것이었습니다. 젊은이의 과거를 다시 한번 듣고는 그의 결심이 진실함을 확인한 다음 정말로 만 달러에 아버지를 사서 친부모같이 모시고 싶다면 자기를 사 가라는 것이었어요. 깜짝 놀라는 젊은 부부에게 노신사가 웃으면서 내가 나이는 많고 자식은 없기에 자식이 될 착한 사람을 구하려고 거짓 광고를 낸 것인데 젊은이를 만나게 되어 반갑다고 말하는 것이었어요. 이제 젊은이가 하나밖에 없는 자기 아들이 되었으니 이 집을 비롯한 나의 모든 재산을 그에게 주겠다며 자기 비서와 함께 빨리 집에 가서 젊은이의 아들과 딸을 데리고 와 노신사의 손자 손녀로 이곳에서 함께 살자고 말했답니다!

제18과 사무엘을 부르신 하나님

주께 향하기

1. 기도하기

2. 일상생활 나누기: 우리 삶의 마음속 이야기를 나누어요.

3. 본문 살펴보기

1) 성경 내용을 소개하기: 인도자가 본문 전체의 줄거리를 간단하게 설명해요.
2) 성경 읽기: 사무엘상 3장, 2회 읽어요.
교독(인도자, 참가자) → 혼자 읽기(중요하거나 감동 주는 낱말, 문장 줄긋기)
3) 중요한 낱말을 찾아 빙고 놀이하기

사무엘	엘리	제사장
말씀하옵소서	주의 종	심판
죄악	제물	속죄함

4) 중요한 문장을 찾기

사무엘상 3장 19절

주께 배우기

1. 본문 이해를 위한 질문

1) 본문의 내용을 이해하기 위해 본문을 보고 사실 질문을 만들어요.
2) 본문에서 답을 찾아요.

번호	질문	답
1	사무엘을 하나님께서 부르셨을 때 사무엘은 누가 부른다고 생각했나요?	엘리 제사장
2	엘리는 하나님이 사무엘을 부를 때 어떻게 하라고 하셨나요?	여호와여 말씀 하옵소서 주의 종이 듣겠나이다.
3	하나님께서 사무엘에게 무슨 이야기를 하셨나요?	엘리 제사장의 집에 관해 이야기를 하심
4	엘리 제사장은 어떤 잘못을 하였나요?	아들들이 저주를 자청하되 금하지 아니함
5	사무엘은 여호와께 들은 것을 어떻게 했나요?	엘리 제사장의 요구로 숨김없이 말함.

2. 본문 공감을 위한 질문

1) 본문에 나오는 인물이나 사건 등에 대한 생각이나 느낌을 묻는 질문을 만들어요.
2) 여러 질문 중에 한 질문을 선택해 생각이나 느낌을 쓰고 다 같이 나눠요.

번호	질문
1	여호와께서 사무엘을 부르셨을 때 사무엘은 어떤 생각을 했을까요?
2	엘리 제사장은 아들들의 잘못을 알고 어떤 생각을 했을까?
3	사무엘에게 여호와께서 엘리 집의 죄악은 제물이나 예물로나 영원히 속죄를 받지 못한다고 하신 말씀을 듣고 엘리 제사장은 어떤 마음이었을까요?

4	사무엘은 여호와 하나님의 말씀을 들을 때 어떤 생각을 했을까요?
선택 질문 번호	생각, 느낌
3	'내가 자녀교육을 잘못했구나! 이 일을 어떻게 할까? 제사장으로 삼아 주신 하나님께 감사하고 하나님을 잘 섬기는 자녀로 길러야 했는데' 라고 하며 하나님을 만홀히 여기는 못된 짓을 하는 자식들을 엄히 타이르고 매로 고치지 못한 것을 후회했을 것이다. 나도 이런 아픔을 겪지 않도록 자녀들을 신앙으로 잘 교육해야겠다.

3. 본문 참여를 위한 질문

1) 성경 본문 내용 속에 참여해 보아요.
2) 내가 성경 속 사건을 만났거나 성경 속 인물이라면 어땠을지 만약에 라는 질문을 만들어 의견을 써 보아요.
3) 만든 질문의 의견을 보고 또 질문을 만드는 꼬리에 꼬리를 무는 질문을 만들어요.
4) 질문과 의견을 서로 나누어요.

Q1	만약에 엘리 제사장이 자녀교육을 잘했더라면 어떻게 되었을까?
의견	엘리 제사장의 아들들은 제사 지내기 전에 제사 지낼 고기들을 취해 먹고 여자들을 성폭행하는 나쁜 짓을 했는데 엘리 제사장은 알면서도 엄하게 꾸짖어 고치지 않았다. 결국은 그 벌로 두 아들이 전쟁터에서 죽고 엘리 제사장은 그 소식을 듣고 머리가 꺾여 죽었으며 그 가문은 젊은 나이에 죽는 벌을 받았다. 엘리 제사장이 교육을 잘했다면 대대손손 축복받는 제사장 가문이 되었을 것이다.
Q2	축복받는 가문이 되려면 어떻게 해야 할까?
의견	하나님을 잘 섬기고 자녀들을 신앙 안에서 바르게 자라도록 교육해야 할 것이다. 그리고 무엇보다 먼저 부모들이 하나님 앞에 올바른 삶을 살아야 할 것이다.
Q3	어떻게 하면 자녀들이 바른 삶을 살 수 있을까?
의견	무엇이 가장 가치 있는 삶인지 어려서부터 바르게 가르쳐야 하고 부모가 바른 가치관을 가지고 살아야 할 것이다. 하나님을 사랑하고 이웃을 사랑하며 삶의 가장 우선순위에 하나님 나라와 그 의를 구하는 삶을 살아야 한다. 끊임없이 자녀들을 말씀으로 교육해야 할 책임도 있다. 이 세상에서 먼저 우선순위에 둘 것은 자녀를 신앙 안에 올바르게 교육해야 함을 명심하자.

주 따르기

1. 본문을 적용하기

1) 본문에서 배운 것을 설명해 보아요.

(1) 본문에서 배운 말씀을 적어본다.

(2) 돌아가며 한 문장씩 말하거나 본문 말씀 전체의 줄거리를 말한다.

2) 본문에서 배운 것을 삶에서 순종해요.

(1) 하나님 말씀을 인생의 최고 가치로 세우도록 교육하기

(2) 부모가 자기 위치에서 모범이 되는 신앙생활하기

(3) 자녀가 잘못할 때 적절한 때에 엄중하게 경고하기

2. 요절 암송: 사무엘상 3장19절

사무엘이 자라매/ 여호와께서 그와 함께 계셔서/ 그의 말이 하나도 땅에 떨어지지 않게 하시니

3. 기도하기

1) 기도 제목을 서로 나누어요.

2) 서로 나눈 기도 제목과 오늘 배운 것을 순종하기 위해 기도해요.

제19과 이스라엘의 첫 번째 왕, 사울

주께 향하기

1. 기도하기

2. 일상생활 나누기: 우리 삶의 마음속 이야기를 나누어요.

3. 본문 살펴보기

1) 성경 내용을 소개하기: 인도자가 본문 전체의 줄거리를 간단하게 설명해요.
2) 성경 읽기: 사무엘상 10장 17-27절, 3회 읽어요.
교독(인도자, 참가자) → 혼자 읽기(중요하거나 감동 주는 낱말, 문장 줄긋기)
3) 중요한 낱말을 찾아보기

사무엘, 미스바, 왕, 사울, 멸시, 감동, 잠잠하였더라

4) 중요한 문장을 찾기

사무엘상 10장 27절

주께 배우기

1. 본문 이해를 위한 질문

1) 본문의 내용을 이해하기 위해 본문을 보고 사실 질문을 만들어요.
2) 본문에서 답을 찾아요.

번호	질문	답
1	사무엘이 백성들을 어디로 모이게 했나요?	미스바
2	이스라엘 백성은 무엇을 원했나요?	왕
3	왕으로 뽑힌 사람은 누구였나요?	사울
4	사울은 왕으로 뽑혔을 때 어디에 있었나요?	짐보따리들 사이에 숨어있었다.
5	왕으로 뽑힌 사울을 보고 사람들은 어떻게 했나요?	왕의 만세를 외쳤다.
6	사울이 왕이 되자 불량배들은 어떤 반응을 보였나요?	이 사람이 어떻게 우리를 구원하겠느냐며 멸시하여 예물을 바치지 않았다.

2. 본문 공감을 위한 질문

1) 본문에 나오는 인물이나 사건 등에 대한 생각이나 느낌을 묻는 질문을 만들어요.
2) 여러 질문 중에 한 질문을 선택해 생각이나 느낌을 쓰고 다 같이 나눠요.

번호	질문
1	왕을 요구하는 이스라엘 백성들을 보시고 하나님은 어떤 마음이셨을까?
2	사울은 왕이 되었을 때 어떤 마음이었을까?
3	키가 다른 사람보다 큰 사울이 왕이 된 것을 보고 사람들은 어떤 생각을 했을까?
4	불량배들이 사울을 멸시하고 예물을 바치지 않았을 때 사울의 마음은 어땠을까?
선택 질문 번호	생각, 느낌
1	이스라엘을 모든 환난에서 구하시고 만나와 메추라기를 먹이시고 불기둥 구름 기둥으로 인도하시고, 지금까지 지켜주신 하나님의 은혜를 모르고 왕을 달라고 한 어리석은 이스라엘 백성들에게 화가 많이 나셨을 것 같다. 그리고 너무도 어리석은 모습에 마음이 아주 슬프셨을 것 같다. 능력이 많은 창조주 모든 것을 하실 수 있는 위대하고 놀라우신 분을 의지하지 않고 나약한 인간을 왕으로 달라고 하는 어리석고 바보 같은 사람들을 보고 심히 마음이 아프셨을 것이다.

3. 본문 참여를 위한 질문

1) 성경 본문 내용 속에 참여해 보아요.
2) 내가 성경 속 사건을 만났거나 성경 속 인물이라면 어땠을지 만약에 라는 질문을 만들어 의견을 써 보아요.
3) 만든 질문의 의견을 보고 또 질문을 만드는 꼬리에 꼬리를 무는 질문을 만들어요.
4) 질문과 의견을 서로 나누어요.

Q1.	만약에 왕 없이 하나님이 이스라엘을 다스렸다면 이스라엘은 어떻게 되었을까?
의견	말할 것도 없이 가나안에서 행복하게 살았을 것이고 여러 민족으로부터 고난을 겪지 않았을 것이다.

주 따르기

1. 본문을 적용하기

1) 본문에서 배운 것을 설명해 보아요.

(1) 본문에서 배운 말씀을 적어본다.

(2) 돌아가며 한 문장씩 말하거나 본문 말씀 전체의 줄거리를 말한다.

2) 본문에서 배운 것을 삶에서 순종해요.

(1) 하나님만 의지하고 돈이나 힘을 의지하지 말기

(2) 겸손한 태도를 늘 유지하기

2. 요절 암송: 사무엘상 10장 27절

어떤 불량배는 이르되/ 이 사람이 어떻게 우리를 구원하겠느냐 하고/
멸시하며 예물을 바치지 아니하였으나/ 그는 잠잠하였더라

3. 기도하기

1) 기도 제목을 서로 나누어요.

2) 서로 나눈 기도 제목과 오늘 배운 것을 순종하기 위해 기도해요.

성경구절 필사

날짜 :

구절 :

제20과 골리앗을 이긴 다윗

주께 향하기

1. 기도하기

2. 일상생활 나누기: 우리 삶의 마음속 이야기를 나누어요.

3. 본문 살펴보기

1) 성경 내용을 소개하기: 인도자가 본문 전체의 줄거리를 간단하게 설명해요.
2) 성경 읽기: 사무엘상 17장 31-54절, 2회 읽어요.
   교독(인도자, 참가자) → 혼자 읽기(중요하거나 감동 주는 낱말, 문장 줄긋기)
3) 중요한 낱말을 찾아보기

   다윗, 사울, 낙담, 용사, 하나님의 군대, 막대기,
   매끄러운 돌, 물매, 칼, 창, 단창, 모욕, 여호와의 구원

4) 중요한 문장을 찾기

   사무엘상 17장 47절

주께 배우기

1. 본문 이해를 위한 질문

1) 본문의 내용을 이해하기 위해 본문을 보고 사실 질문을 만들어요.
2) 본문에서 답을 찾아요.

※ 이 과의 이해를 위한 질문은 다음과 같이 게임으로 해요.

① A4용지 한 장을 접어 쪽지 8장을 만든다. 각 사람에게 4장의 쪽지를 나눠준다.
② 본문 성경을 보고 쪽지에 질문과 답을 적는다.
③ 쪽지를 모두 모아 가운데에 엎어놓고 순서를 정해 쪽지를 한 장씩 가져와 문제를 읽는다.
④ 문제를 듣고 답을 맞힌 사람이 쪽지를 가져간다.
동시에 맞히면 가위바위보 해서 이긴 사람이 가져갈지 줄지 결정한다.
⑤ 문제의 정답을 모두 모를 경우에는 문제를 읽은 사람이 답을 말하고 가져간다.

다윗이 사울에게 누구랑 싸우겠다고 했나요? (골리앗)	다윗은 양을 치며 어떤 동물과 싸워 이겼나요? (곰, 사자)
다윗은 무기로 무엇을 사용했나요? (막대기, 돌 다섯, 물매)	골리앗이 다윗에게 무어라 했나요? (네가 나를 개로 여기고 막대기를 가지고 내게 나왔느냐 하면서 그의 신들의 이름으로 저주함, 내게로 오라 네 살을 공중의 새와 들짐승에게 주리라 함)
다윗은 누구의 이름으로 싸움에 나갔나요? (만군의 여호와의 이름)	전쟁은 누구에게 속한 것이라 했나요? (여호와께)

2. 본문 공감을 위한 질문

1) 본문에 나오는 인물이나 사건 등에 대한 생각이나 느낌을 묻는 질문을 만들어요.
2) 여러 질문 중에 한 질문을 선택해 생각이나 느낌을 쓰고 다 같이 나눠요.

번호	질문
1	왜 다윗은 모두 두려워하는 거인 골리앗이 무섭지 않았을까?
2	다윗이 골리앗과 싸우러 갈 때 그것을 바라보는 이스라엘 군사들의 마음은 어땠을까?
3	다윗이 싸우러 나올 때 골리앗은 무슨 생각을 했을까?
4	다윗이 골리앗을 쓰러뜨리는 것을 본 양쪽 군사들의 마음은 어땠을까?
선택 질문 번호	생각, 느낌
4	블레셋 군인들은 너무 무서워서 정신을 잃고 걸음아 나살려라 하며 도망갔을 것 같다. 이스라엘 군인들은 다윗이 골리앗을 쓰러뜨리자 너무 놀랍고 감동받았고, 신이 나 도망가는 블레셋 군인들을 쫓아가서 무찔렀을 것 같다. 하나님 이름으로 전쟁에서 이긴 것을 통해 하나님께서 승리하게 하셨음을 감사했을 것 같다.

3. 본문 참여를 위한 질문

1) 성경 본문 내용 속에 참여해 보아요.
2) 내가 성경 속 사건을 만났거나 성경 속 인물이라면 어땠을지 만약에 라는 질문을 만들어 의견을 써 보아요.
3) 만든 질문의 의견을 보고 또 질문을 만드는 꼬리에 꼬리를 무는 질문을 만들어요.
4) 질문과 의견을 서로 나누어요.

Q1	만약에 내가 골리앗을 만났다면 어떻게 할까?
의견	도무지 싸울 엄두가 나지 않고 질 수밖에 없다는 생각에 너무 무서워서 도망하듯 집으로 돌아오고 큰일이라고 걱정만 했을 것 같다. 그러나 기름부음을 받은 다윗(삼상 16:12-13)이 골리앗을 이겨 이스라엘을 구원한 것처럼 예수 그리스도께서 우리를 구원하셨음을 기억하며 담대함을 얻을 것이다.
Q2	담대함을 얻은 우리는 큰일을 만나면 어떻게 해결할까?
의견	잠잠히 하나님의 도우심을 구하며 모든 문제를 하나님 앞에 내려놓고 인간적인 눈으로 문제를 보지 않는다. 주님의 뜻을 찾는다. 너무 두려워하거나 근심하지 않고 우리를 사랑하시고 가장 좋은 것으로 주시는 주님을 신뢰한다.
Q3	내가 해결할 수 없을 때 주님께서 해결해 주신 경험이 있는가?
의견	20대 때 아무것도 몰라서 상대농지에 교회 건축을 하다가 법적인 문제로 교회당을 짓지 못하게 되었다. 기도할 때 지혜를 주셔서 예배를 드릴 수 있는 농가 주택으로 지을 수 있었다. 농가로 지어 대지로 땅을 바꾼 후 교회다운 건물을 지을 수 있었다.

주 따르기

1. 본문을 적용하기

1) 본문에서 배운 것을 설명해 보아요.

(1) 본문에서 배운 말씀을 적어본다.

(2) 돌아가며 한 문장씩 말하거나 본문 말씀 전체의 줄거리를 말한다.

2) 본문에서 배운 것을 삶에서 순종해요.

(1) 삶 속의 모든 문제와 일들을 주님 의지하며 주께 도움 구하기

(2) 삶에서 승리할 때 그 원인은 칼과 창이 아니라 하나님이라고 고백하기

2. 요절 암송: 사무엘상 17장 47절

또 여호와의 구원하심이/ 칼과 창에 있지 아니함을/ 이 무리에게 알게 하리라/

전쟁은 여호와께 속한 것인즉/ 그가 너희를 우리 손에 넘기시리라

3. 기도하기

1) 기도 제목을 서로 나누어요.

2) 서로 나눈 기도 제목과 오늘 배운 것을 순종하기 위해 기도해요.

하나님을 위해 모든 것을 버린 사람 (부록)

백 년 전 경상남도 밀양군 상남면 오산리에 밀양 박씨 성을 가진 양반들이 모여 살고 있었습니다. 그들은 유학이 최고의 학문이며 조상께 제사를 지내는 것을 최고로 알고 있었습니다. 그러던 어느 날 박수민이라는 사람이 장터에서 세상 만물은 하나님이 창조하시고, 죄에서 우리를 구원하려고 예수님이 십자가를 지셨다는 이야기를 듣고 예수님을 믿게 되었습니다. 박씨 집안에서는 야단이 났습니다.

"우리 집안이 어떤 집안인데 서양 귀신을 끌어들여 와!"

"세상에! 쌍놈같이 조상 제사까지 멀리하는 예수교를 믿어?"

"네 이놈 정말로 예수를 믿을 것이냐?"

"어르신들. 제 말 좀 들어보세요. 예수를 믿어야 우리가 삽니다. 영원히 죽지 않고 산다는 말입니다."

"네 이놈! 여기가 어디라고 감히 말대꾸해?"

"당장 집어치우지 않으면 너를 이 동네에서 쫓아버리겠다!"

"저는 절대로 예수님 없인 못삽니다."

"네놈은 지금부터 밀양 박씨가 아니다. 네 논, 밭 다 내놓고 떠나거라."

그는 거지가 되어 늙으신 어머님과 여덟 명의 자식들을 데리고 마을에서 쫓겨났습니다. 교회가 있는 마산리로 옮겨 움막을 짓고 머슴살이를 시작했습니다. 그런데 이상한 일입니다. 그 가족은 늘 행복하고 자꾸만 부자가 되었습니다. 머슴을 살다가 장사를 했는데 엄청나게 장사가 잘 되어 옛날 재산과는 비교도 안되는 부자가 되었습니다. 그는 마침내 상남면에서 제일가는 부자가 되었고 밀양교회 장로님이 되었습니다. 자녀들 또한 모두 훌륭하게 자라 세 사람이 목사님이 되었고 나머지 한 사람은 장로님이 되었습니다. 그 아들 중 박손혁 목사님과 박치덕 목사님은 고신교단 총회장을 지냈고, 박정덕 목사님은 고려 고등성경학교 교장을 지냈습니다.

제21과 이스라엘의 왕이 된 다윗

주께 향하기

1. 기도하기

2. 일상생활 나누기: 우리 삶의 마음속 이야기를 나누어요.

3. 본문 살펴보기

1) 성경 내용을 소개하기: 인도자가 본문 전체의 줄거리를 간단하게 설명해요.
2) 성경 읽기: 사무엘하 5장 1-12절, 3회 읽어요.
   교독(인도자, 참가자) → 혼자 읽기(중요하거나 감동 주는 낱말, 문장 줄긋기)
3) 중요한 낱말을 찾아보기

   헤브론, 왕 한 골육, 이스라엘의 목자, 언약, 기름을 부어, 다윗성,
   이스라엘 왕, 여호와께서 함께 계시니

4) 중요한 문장을 찾기

   사무엘하 5장 10절

주께 배우기

1. 본문 이해를 위한 질문

1) 본문의 내용을 이해하기 위해 본문을 보고 사실 질문을 만들어요.
2) 본문에서 답을 찾아요.

※ 이 과의 이해를 위한 질문은 다음과 같이 게임으로 해요.

① A4용지 한 장을 접어 쪽지 8장을 만든다. 각 사람에게 4장의 쪽지를 나눠준다.
② 본문 성경을 보고 쪽지에 질문과 답을 적는다.
③ 쪽지를 모두 모아 가운데에 엎어놓고 순서를 정해 쪽지를 한 장씩 가져와 문제를 읽는다.
④ 문제를 듣고 답을 맞힌 사람이 쪽지를 가져간다.
   동시에 맞히면 가위바위보 해서 이긴 사람이 가져갈지 줄지 결정한다.
⑤ 문제의 정답을 모두 모를 경우에는 문제를 읽은 사람이 답을 말하고 가져간다.

어디에 이스라엘 백성이 모여 다윗 왕에게 기름을 부어 이스라엘 왕으로 삼았나요? (헤브론)	여부스 사람이 다윗에게 뭐라고 했나요? (시각장애인과 다리 저는 자라도 너를 물리치리라 하며 비웃음)
몇 년 동안 이스라엘을 다스렸나요? (40년)	다윗은 몇 세에 왕이 되었나요? (30세)
다윗이 시온 산성을 빼앗아 이름을 뭐라 했나요? (다윗성)	하나님이 함께하시니 다윗은 어떻게 되었나요? (점점 강성하여졌음)
두로 왕이 다윗 왕에게 무엇을 보냈나요? (사절, 백향목, 목수, 석수)	다윗은 누가 자기를 왕으로 세우고 이스라엘을 높였다고 생각했나요? (여호와 하나님)

2. 본문 공감을 위한 질문

1) 본문에 나오는 인물이나 사건 등에 대한 생각이나 느낌을 묻는 질문을 만들어요.
2) 여러 질문 중에 한 질문을 선택해 생각이나 느낌을 쓰고 다 같이 나눠요.

번호	질문
1	이스라엘의 모든 지파가 모여 다윗과 한 골육이라고 했을 때 다윗의 마음은 어땠을까?
2	다윗은 왕이 되었을 때 어떤 생각을 했을까?
3	40년 동안 이스라엘 왕으로 살았던 다윗의 삶은 어땠을까?
4	여호와께서 다윗 왕과 함께 함을 깨달았을 때 다윗은 어떤 마음이었을까?
선택 질문 번호	생각, 느낌
4	하나님께서 항상 다윗과 함께하셨음을 알게 되었을 때 말할 수 없이 기쁘고 그 은혜에 감동하였을 것이다. 모든 위험과 악으로부터 지켜주신 사랑을 생각하며 감격했을 것 같다. 하나님께서 다윗과 동행하심 같이 나를 지켜주시고 나와 동행함을 삶의 순간순간 알게 하시며 주님 앞에서 살아가는 삶을 살게 하소서! 주님 함께하심 참으로 감사합니다. 그 크신 은혜를 어찌 말로 다 표현할 수 있을까요?

3. 본문 참여를 위한 질문

1) 성경 본문 내용 속에 참여해 보아요.
2) 내가 성경 속 사건을 만났거나 성경 속 인물이라면 어땠을지 만약에 라는 질문을 만들어 의견을 써 보아요.
3) 만든 질문의 의견을 보고 또 질문을 만드는 꼬리에 꼬리를 무는 질문을 만들어요.
4) 질문과 의견을 서로 나누어요.

Q1	만약에 다윗 왕과 하나님이 함께하시지 않았다면 어떻게 되었을까?
의견	양을 치다 맹수들의 공격에 몸을 다치거나 생명을 잃었을 것이고, 골리앗과 싸움에서 졌을 것이다. 또한, 왕이 되지도 못했을 것이고, 40년이란 세월 동안 왕 노릇도 못 했을 것이다.
Q2	하나님이 다윗과 함께하심으로 무엇을 얻었나요?
의견	보호하심, 왕이 되는 영광, 용서받음, 많은 전쟁에서 승리함, 40년 동안 왕이 되었음.
Q3	어떻게 해야 다윗 왕과 같이 주님과 동행할 수 있을까?
의견	예수님을 나의 주인으로 모시고 사는 삶. 주야로 말씀을 묵상하며 주님 마음에 합하도록 주를 믿고 순종한다. 날마다 순간순간 주님을 생각하고 주님을 바라보고 주 뜻을 생각하며 주께서 원하시는 일을 하는 것. 주님이 원하시는 것으로 모든 일을 결정한다.

주 따르기

1. 본문을 적용하기

1) 본문에서 배운 것을 설명해 보아요.
(1) 본문에서 배운 말씀을 적어본다.

(2) 돌아가며 한 문장씩 말하거나 본문 말씀 전체의 줄거리를 말한다.

2) 본문에서 배운 것을 삶에서 순종해요.
(1) 나의 삶의 일터에서 예수님을 주인으로 모시고 살기
(2) 위험과 어려움이 있을 때 도우심을 주께 구하기
(3) 일상의 삶을 평화롭게 지내게 하심 감사하자

2. 요절 암송: 열왕기하 5장 10절

만군의 하나님 여호와께서 함께 계시니/ 다윗이 점점 강성하여 가니라

3. 기도하기

1) 기도 제목을 서로 나누어요.

2) 서로 나눈 기도 제목과 오늘 배운 것을 순종하기 위해 기도해요.

팀 티보우 (Tim Tebow) 부록

미국 사람들이 열광하고 좋아하는 미식축구의 유명 선수인 팀 티보우 (Tim Tebow)의 이야기입니다. 그는 필리핀 선교사의 5남매 중 막내로 태어났습니다. 티보우 어머니는 임신당시 아메바성 감염에 의해 목숨이 위태로운 상황었습니다. 의사는 낙태를 권했지만 어머니는 뱃속의 아이를 지키고자 약을 먹지 않고 기도하였고, 다행히 티보우는 건강하게 태어났습니다. 그는 아버지의 모교인 플로리다대학(UF)을 다니며 슈퍼볼 선수가 됩니다. 매 게임마다 여러 성경 구절을 아이 패치(눈부심 방지 밴드)에 기록하며 말씀을 전하는 전도자의 삶을 살았습니다. 그가 속한 플로리다대학(UF)이 2008년에 챔피온쉽이 됩니다. 그 게임에서 아이패치에 요한복음 3:16 말씀을 기록하였고, 이로 인해 24시간 동안 90억 회 검색어가 되어 90억에게 복음을 전하는 결과를 낳았습니다. 물론 안티들도 많아 사방으로 공격해 왔습니다.

대학 졸업 후 그는 프로 경기에 출전한 선수는 아이 패치에 어떠한 글도 표시할 수 없다는 규정에 제제를 당합니다. 더 이상 아이 패치에 성경을 기록할 수 없었지만 터치다운 후 한쪽 무릎을 꿇고 기도를 했습니다. 이번에는 '티보우잉'이라며 조롱하며 놀립니다. 그럼에도 불구하고, 프로리그에서도 역전승을 합니다. 그의 역전승이 계속되면서 팀은 2011년 플레이오프에 진출하게 되고 그에 대한 사람들의 호기심은 점점 열풍으로 바뀝니다. 그가 게임 도중, 또는 끝나고 난 후 기도하는 모습 때문에 '티보잉 Tebowing'라는 단어까지 만들어 졌습니다.

2012년 1월 8일 결승전으로 가는 관문에서 만난 강팀과 23대 23 동점인 상황에서 연장전이 치뤄졌습니다. 그 날 그가 기록한 10개 패스 총 길이는 316야드. 패스 한 개가 31.6야드를 기록, 리서치 조사 결과 이 날의 경기 시청률은 31.6%였습니다. 덴버팀이 승리한 후 '요한복음 3장 16절'이 인터넷 '구글'에서 무려 1억2천만 번이나 검색되었습니다.

제22과 다윗 왕과 밧세바

주께 향하기

1. 기도하기

2. 일상생활 나누기: 우리 삶의 마음속 이야기를 나누어요.

3. 본문 살펴보기

1) 성경 내용을 소개하기: 인도자가 본문 전체의 줄거리를 간단하게 설명해요.
2) 성경 읽기: 사무엘하 12장 1-23절, 2회 읽어요.
교독(인도자, 참가자) → 혼자 읽기(중요하거나 감동 주는 낱말, 문장 줄긋기)
3) 중요한 낱말을 찾아보기

나단, 다윗, 부한 사람, 가난한 사람, 암양 새끼, 악, 우리아,
밧세바, 백주, 죄, 죄 사함, 간구, 죽음, 금식

4) 중요한 문장을 찾기

사무엘하 12장 13절

주께 배우기

1. 본문 이해를 위한 질문

1) 본문의 내용을 이해하기 위해 본문을 보고 사실 질문을 만들어요.
2) 본문에서 답을 찾아요.
※ 이 과의 이해를 위한 질문은 다음과 같이 게임으로 해요.
① A4용지 한 장을 접어 쪽지 8장을 만든다. 각 사람에게 4장의 쪽지를 나눠준다.
② 본문 성경을 보고 쪽지에 질문과 답을 적는다.
③ 쪽지를 모두 모아 가운데에 엎어놓고 순서를 정해 쪽지를 한 장씩 가져와 문제를 읽는다.
④ 문제를 듣고 답을 맞힌 사람이 쪽지를 가져간다.
동시에 맞히면 가위바위보 해서 이긴 사람이 가져갈지 줄지 결정한다.
⑤ 문제의 정답을 모두 모를 경우에는 문제를 읽은 사람이 답을 말하고 가져간다.

나단이 부하고 가난한 사람 이야기를 들려줄 때 다윗은 어떤 반응을 했나요? (노하여 부한 사람을 마땅히 죽을지라 하면서 네 배로 갚아야 하리라 함)	나단이 다윗에게 우리아의 아내를 빼앗은 죗값으로 여호와 하나님이 어떤 벌을 주신다고 했나요? (칼이 네 집에서 떠나지 아니하리라, 너와 네 집이 재앙을 일으키고 네 눈앞에서 네 아내를 빼앗아 네 이웃들에게 주리니 그 사람들이 네 아내들과 더불어 백주에 동침하리라)
나단이 다윗의 죄를 이를 때 다윗은 어떤 반응을 보였나요? (내가 여호와께 범죄하였노라)	우리아의 아내가 낳은 아이가 죽자 다윗은 어떻게 했나요? (금식을 멈추고 음식을 먹음)

2. 본문 공감을 위한 질문

1) 다윗 왕에게 질문을 해요(생각, 느낌 질문)
   (1) 나단이 욕심 많은 부자가 바로 당신이라고 말할 때 마음이 어땠어요?
   (2) 죄의 벌을 받게 될 거란 말을 듣고 어떤 생각을 했나요?
   (3) 아기가 죽었을 때 마음이 어떠셨어요?
   (4) 하나님 앞에 죄짓는 것을 어떻게 생각하세요?

2) 다윗 왕의 역할을 인도자 자녀(학생) 순으로 해 보아요. 다윗 왕의 심정이 되어 질문에 답해요.

3. 본문 참여를 위한 질문

1) 성경 본문 내용 속에 참여해 보아요.
2) 내가 성경 속 사건을 만났거나 성경 속 인물이라면 어땠을지 만약에 라는 질문을 만들어 의견을 써 보아요.
3) 만든 질문의 의견을 보고 또 질문을 만드는 꼬리에 꼬리를 무는 질문을 만들어요.
4) 질문과 의견을 서로 나누어요.

Q1	만약에 다윗이 우리아의 아내를 뺏는 죄를 짓지 않았더라면 어떻게 되었을까?
의견	다윗의 집에 칼이 영원토록 떠나 평화를 누렸을 것이다. 다윗과 다윗의 집에 재앙이 없었을 것이다. 다윗의 눈앞에서 다윗의 아내를 빼앗아 이웃에게 주고 낮에 동침하는 벌과 낳은 아이가 죽음 등 말할 수 없는 고통을 당하지 않았을 것이다. 보통 사람이 겪을 수 없는 고통과 아픔을 겪었는데 그런 고통을 당하지 않았을 것이다.
Q2	우리 가문이 아름다운 축복받는 가문이 되려면 어떻게 해야 할까?

의견	죄를 짓지 않도록 주님과 동행하고 주님의 말씀을 묵상하며 말씀을 다 지켜 행하는 삶을 사는 것이고 자녀들을 말씀으로 잘 가르쳐 대대손손 믿음의 유산을 남기는 길이 영원히 축복받는 가문이 되는 길이라 생각한다.
Q3	믿음의 유산을 후손에게 남기는 방법은 뭘까?
의견	무엇보다도 하나님의 말씀을 업신여기지 않아야 한다. 부모들이 바른 믿음을 가지고 본이 되는 삶을 살고 자녀들에게 말씀을 가르치고 복음을 알고 하나님의 자녀로 살아가도록 교육해야 한다. 이 세상에서 가장 가치 있는 소중한 것이 하나님을 경외하고 하나님 영광을 위해 사는 것이라는 것을 확실히 가르쳐야 한다. 자녀들을 위해 끊임없이 기도하며 자녀들을 축복해야 할 것이다.

주 따르기

1. 본문을 적용하기

1) 본문에서 배운 것을 설명해 보아요.

(1) 본문에서 배운 말씀을 적어본다.

(2) 돌아가며 한 문장씩 말하거나 본문 말씀 전체의 줄거리를 말한다.

2) 본문에서 배운 것을 삶에서 순종해요.

(1) 하나님의 말씀을 업신여기지 않기

(2) 말씀에 비추어 나의 죄를 깨닫기

(3) 날마다 자신을 돌아보고 회개하기

(4) 자신의 죄에 대해 엄격한 태도 취하기

(5) 다른 사람 함부로 정죄하지 않기

(6) 죄를 회개하고 똑같은 죄를 짓지 않도록 하기

2. 요절 암송: 사무엘하 12장 13절

다윗이 나단에게 이르되/ 내가 여호와께 죄를 범하였노라 하매/ 나단이 다윗에게 말하되/
여호와께서도 당신의 죄를 사하셨나니/ 당신이 죽지 아니하려니와

3. 기도하기

1) 기도 제목을 서로 나누어요.

2) 서로 나눈 기도 제목과 오늘 배운 것을 순종하기 위해 기도해요.

성경구절 필사

날짜 :

구절 :

제23과 지혜로운 왕 솔로몬

주께 향하기

1. 기도하기

2. 일상생활 나누기: 우리 삶의 마음속 이야기를 나누어요.

3. 본문 살펴보기

1) 성경 내용을 소개하기: 인도자가 본문 전체의 줄거리를 간단하게 설명해요.
2) 성경 읽기: 열왕기상 3장 4-28절, 2회 읽어요.
교독(인도자, 참가자) → 혼자 읽기(중요하거나 감동 주는 낱말, 문장 줄긋기)
3) 역할을 정해 실감 나게 읽어요.

여호와 하나님: 네게 무엇을 줄까?

솔로몬: 나의 하나님 여호와여, 종은 작은 아이라 백성을 재판할 때 선악을 분별하게 하옵소서

여호와 하나님: 오직 백성을 위해 송사를 듣고 분별하는 지혜를 구하였으니 지혜롭고 총명한 마음을 주노라. 또한 부귀와 영광을 너에게 주노라. 네가 아버지 다윗과 같이 행하며 법도와 명령을 지키면 네 날을 길게 하리라.

여인1: 우리가 한집에 살고 있습니다. 내가 아이를 낳은 지 사흘 만에 이 여자도 아이를 낳았나이다. 그런데 밤에 저 여자가 그의 아들 위에 누우므로 그 아들이 죽으니 내가 잠든 사이에 죽은 아이를 제게 두고 내 아들을 가져갔나이다.

여인2: 아니라 산 아이가 내 아들이요. 죽은 아이는 저 여자의 아이라.

솔로몬: 서로 산 아이가 자기 아들이라고 하니 칼을 가져오너라. 아이를 둘로 나누어 주라.

여인1: 청하노니 저 아이를 그에게 주시고 죽이지 마옵소서.

여인2: 내 것도 되지 말고 네 것도 되지 말게 나누소서.

솔로몬: 아이를 결코 죽이지 말라 아이를 살리려는 저가 그의 어머니라.

4) 중요한 낱말을 찾아보기

기브온, 산당, 솔로몬, 일천 번제, 꿈, 성실, 공의, 은혜, 백성, 장수, 부, 지혜,
부귀와 영광, 꿈, 창기, 죽은 아들, 판결, 죽은 아이, 산 아이

5) 중요한 문장을 찾기

열왕기상 3장 10절, 11절, 12절, 13절, 14절, 28절

주께 배우기

1. 본문 이해를 위한 질문

1) 본문의 내용을 이해하기 위해 본문을 보고 사실 질문을 만들어요.
2) 본문에서 답을 찾아요.

번호	질문	답
1	솔로몬이 일천 번제를 드린 곳은?	기브온 산당
2	하나님이 꿈에 무엇을 줄꼬 했을 때 무엇을 구했나요?	듣는 마음을 종에게 주사 주의 백성을 재판하여 선악을 분별하게 하옵소서. 송사를 듣고 분별하는 지혜
3	서로 자기 아이라는 두 여자에게 산 아이의 어머니를 어떻게 찾았나요?	살아있는 아이를 둘로 나누어 주라 해서 죽이지 못하게 하는 진짜 엄마를 지혜롭게 찾음
4	솔로몬의 재판을 본 사람들의 반응은 어땠나요?	왕을 두려워함, 하나님의 지혜가 있음을 봄

2. 본문 공감을 위한 질문

1) 본문을 읽고 생각이나 느낌을 질문하세요.
2) 여러 질문 중에 한 질문을 선택해 생각이나 느낌을 쓰고 다 같이 서로 나눠요.

번호	질문
1	솔로몬이 백성을 재판할 때 듣는 마음과 선악을 분별할 지혜를 구했을 때 하나님은 어떤 생각을 하셨을까?
2	구하지 않은 부귀와 영광도 주신다는 것을 듣고 솔로몬은 어떤 생각을 했을까?
3	살아있는 아들을 둘로 나누어 주라 했을 때 진짜 어머니 마음은 어땠을까?
4	지혜롭게 아기의 진짜 어머니를 찾은 왕의 판결을 본 사람들은 어떤 생각을 했을까?

선택 질문 번호	생각, 느낌
4	지혜로움에 탄복하고 왕을 두려워했으며 왕 속에 하나님의 지혜가 있음을 보고 존경하게 되었을 것 같다. 왕이 지혜로워서 나라를 잘 다스릴 것이라는 믿음이 생겨서 좋은 왕을 주신 하나님을 찬양했을 것 같다.

3. 본문 참여를 위한 질문

1) 성경 본문 내용 속에 참여해 보아요.
2) 내가 성경 속 사건을 만났거나 성경 속 인물이라면 어땠을지 만약에 라는 질문을 만들어 의견을 써 보아요.
3) 만든 질문의 의견을 보고 또 질문을 만드는 꼬리에 꼬리를 무는 질문을 만들어요.
4) 질문과 의견을 서로 나누어요.

Q1	만약에 솔로몬 왕이 지혜가 없었다면 어떻게 살아있는 아이의 어머니를 찾아줄 수 있었을까?
의견	지금처럼 DNA 검사도 없던 때여서 진짜 어머니를 찾아주기 힘들었을 것 같다. 제대로 명쾌하게 찾아주지 않으면 계속 싸움이 되었을 것이고 진짜 어머니를 찾아주기 힘들었을 것 같다. 사람들의 원망과 불신으로 나라를 다스리기 힘들었을 것 같다.
Q2	솔로몬 왕의 판결을 어떻게 생각하나요?
의견	아주 확실하게 살아있는 아이의 어머니를 찾아주었다. 그 누구도 부인할 수 없을 명쾌한 지혜로운 판결이었다. 모두 들 그 판결에 고개를 끄덕이고 손뼉을 쳤을 것 같다.
Q3	산 아이를 찾은 어머니는 솔로몬 왕에게 어떤 마음이 들었을까?
의견	지혜로운 판결에 감동하고, 존경하며 감사하는 마음을 갖게 되었을 것이다.

주 따르기

1. 본문을 적용하기

1) 본문에서 배운 것을 설명해 보아요.

(1) 본문에서 배운 말씀을 적어본다.

(2) 돌아가며 한 문장씩 말하거나 본문 말씀 전체의 줄거리를 말한다.

2) 본문에서 배운 것을 삶에서 순종해요.

(1) 각자 맡은 사명의 일터에서 주님의 지혜를 구하기

(2) 혼란한 세상에서 진실을 볼 수 있는 지혜를 추구하기

2. 요절 암송: 열왕기상 3장 14절

네가 만일/ 네 아버지 다윗이 행함 같이 내 길로 행하며/ 내 법도와 명령을 지키면/
내가 또 네 날을 길게 하리라.

3. 기도하기

1) 기도 제목을 서로 나누어요.

2) 서로 나눈 기도 제목과 오늘 배운 것을 순종하기 위해 기도해요.

제24과 둘로 나뉘어버린 이스라엘

주께 향하기

1. 기도하기

2. 일상생활 나누기: 우리 삶의 마음속 이야기를 나누어요.

3. 본문 살펴보기

1) 성경 내용을 소개하기: 인도자가 본문 전체의 줄거리를 간단하게 설명해요.
2) 성경 읽기: 열왕기상 12장 1-20절, 1회 읽어요.
교독(인도자, 참가자) → 혼자 읽기(중요하거나 감동 주는 낱말, 문장 줄긋기)
3) 역할을 정해 실감 나게 읽어요.

여로보암: 왕의 아버지가 우리의 멍에를 무겁게 하였으나 왕은 이제 무거운 멍에를 가볍게 하소서 그러하시면 우리가 왕을 섬기겠나이다.
르호보암: 삼 일 후에 오라 내가 대답하리다.
르호보암: (대신들 내가) 어떻게 백성에게 대답하는 것이 옳겠습니까?
노인들: 백성을 섬기는 자가 되어 좋은 말로 대답하여 이르시면 그들이 영원히 왕의 종이 되리이다.
젊은이들: 내 아버지께서 무거운 멍에를 메게 하였으나 나는 너희의 멍에를 더욱 무겁게 할 것이라. 아버지는 채찍으로 징계하였으나 나는 전갈 채찍으로 너희를 징계하리라 하소서
여로보암(백성들): 왕이시여 왕의 명령을 받자와 왔습니다.
르호보암: 내 아버지께서 무거운 멍에를 메게 하였으나 나는 너희의 멍에를 더욱 무겁게 할 것이라. 아버지는 채찍으로 징계하였으나 나는 전갈 채찍으로 너희를 징계하리라.
여로보암(백성들): 우리가 다윗과 무슨 관계가 있느냐 이스라엘아 너희의 장막으로 돌아가라.
백성들: 우리 열 지파는 여로보암을 왕으로 모시자.

4) 중요한 낱말을 찾아보기

르호보암, 세겜, 여로보암, 멍에, 고역, 노인, 젊은이, 종, 자문, 전갈 채찍, 징계, 유다, 이스라엘

5) 중요한 문장을 찾기

열왕기상 12장 15절

주께 배우기

1. 본문 이해를 위한 질문

1) 본문의 내용을 이해하기 위해 본문을 보고 사실 질문을 만들어요.
2) 본문에서 답을 찾아요.

번호	질문	답
1	여로보암과 이스라엘의 온 회중이 와서 르호보암에게 무어라 말했나요?	왕의 아버지가 우리의 멍에를 무겁게 하였으나 왕은 이제 왕의 아버지가 우리에게 시킨 고역과 메운 무거운 멍에를 가볍게 하소서 그리하시면 우리가 왕을 섬기겠나이다
2	이들의 요청에 대하여 르호보암이 무어라고 대답했나요?	삼 일 후에 다시 내게로 오라
3	르호보암은 누구의 말을 들었나요?	함께 자라난 소년들
4	온 이스라엘이 여로보암이 돌아왔다 함을 듣고 사람을 보내 그를 공회로 청하여 어떻게 했나요?	온 이스라엘의 왕으로 삼았다

2. 본문 공감을 위한 질문

1) 본문에 나오는 인물이나 사건 등에 대한 생각이나 느낌을 묻는 질문을 만들어요.
2) 여러 질문 중에 한 질문을 선택해 생각이나 느낌을 쓰고 다 같이 나눠요.

번호	질문
1	왕이 백성을 섬기고 좋은 말로 대답하여 이르면 영원히 왕의 종이 되리이다 라는 말을 어떻게 생각하나요?
2	왜 르호보암은 함께 자라난 소년들의 말을 들었을까요?
3	르호보암의 말을 듣고 온 이스라엘이 르호보암에게서 돌아섰을 때 르호보암은 마음이 어땠을까?

4	유다 지파만 빼고 온 이스라엘이 여로보암을 그들의 왕으로 삼았을 때 이스라엘 사람들은 어떤 기대를 했을까?
선택 질문 번호	생각, 느낌
1	좋은 왕은 백성을 사랑하고 좋은 말로 다스리는 왕이다. 나이 든 노인들은 인생을 살아보고 어떻게 통치해야 하는지를 알았을 것이다. 그러나 하나님의 섭리 가운데 르호보암은 노인들의 말을 듣지 않고 젊은 친구들의 말을 듣고 솔로몬 왕보다 센 전갈 채찍으로 다스리겠다는 포악한 말을 하여 유다만 빼고 온 이스라엘이 돌아서도록 하는 어리석은 행동을 하였다.

3. 본문 참여를 위한 질문

1) 성경 본문 내용 속에 참여해 보아요.
2) 내가 성경 속 사건을 만났거나 성경 속 인물이라면 어땠을지 만약에 라는 질문을 만들어 의견을 써 보아요.
3) 만든 질문의 의견을 보고 또 질문을 만드는 꼬리에 꼬리를 무는 질문을 만들어요.
4) 질문과 의견을 서로 나누어요.

Q1	만약에 르호보암이 노인들의 말을 들었다면 어떻게 되었을까?
의견	온 이스라엘 백성들이 르호보암을 따르고 나라가 둘로 나누어지는 일이 없었을 것이다.
Q2	왜 르호보암은 노인들의 말을 듣지 않고 젊은이들의 말을 들었을까?
의견	판단력이 부족한 어리석은 사람이 아니었을까? 백성을 다스리는 방법을 잘 몰라서 그랬을 것이다. 백성들에 대한 사랑이 부족한 왕이라서 잘못된 결정을 했을 것이다. 열왕기상 12장 15절 말씀에서 보듯 여호와의 뜻 가운데 이루어진 일이다. 하나님께서 아버지 다윗과 같이 행하며 법도와 명령을 지키면 네 날을 길게 하리라고 솔로몬 왕에게 말씀하셨는데 솔로몬 왕의 우상 숭배 때문에 이스라엘이 두 나라로 나뉘게 되었다.
Q3	다윗과 같이 행하며 법도와 명령을 지키면 어떤 복을 받나요?
의견	하나님을 사랑하고 하나님의 말씀대로 살면 네 길이 평탄하게 될 것이며 네가 형통하리라 하신 말씀이 삶에서 이루어질 것이다.

주 따르기

1. 본문을 적용하기

1) 본문에서 배운 것을 설명해 보아요.

(1) 본문에서 배운 말씀을 적어본다.

(2) 돌아가며 한 문장씩 말하거나 본문 말씀 전체의 줄거리를 말한다.

2) 본문에서 배운 것을 삶에서 순종해요.

(1) 사명의 일터에서 자신의 욕망이 아니라 하나님의 뜻을 추구하기

(2) 믿음의 선배들의 조언을 듣기

2. 요절 암송: 열왕기상 12장 15절

왕이 이같이/ 백성의 말을 듣지 아니하였으니/ 이 일은 여호와께로 말미암아 난 것이라/
여호와께서 전에 실로 사람 아히야로/ 느밧의 아들 여로보암에게 하신 말씀을 이루게 하심이더라.

3. 기도하기

1) 기도 제목을 서로 나누어요.

2) 서로 나눈 기도 제목과 오늘 배운 것을 순종하기 위해 기도해요.

제25과 하나님의 선지자 엘리야

주께 향하기

1. 기도하기

2. 일상생활 나누기: 우리 삶의 마음속 이야기를 나누어요.

3. 본문 살펴보기

1) 성경 내용을 소개하기: 인도자가 본문 전체의 줄거리를 간단하게 설명해요.
2) 성경 읽기: 열왕기상 16장 29-18장, 2회 읽어요.
   교독(인도자, 참가자) → 혼자 읽기(중요하거나 감동 주는 낱말, 문장 줄긋기)
3) 중요한 낱말을 찾아 빙고 놀이하기

아합	악	이세벨
바알	아세라	엘리야
그릿 시냇가	까마귀	떡과 고기

예) 하나님의 사자 / 흑암 / 마른 땅 / 큰 능력 경외

4) 중요한 문장을 찾기

열왕기상 17장 16절, 24절, 18장 21절, 39절

주께 배우기

1. 본문 이해를 위한 질문

1) 본문의 내용을 이해하기 위해 본문을 보고 사실 질문을 만들어요.
2) 본문에서 답을 찾아요.

※ 이 과의 이해를 위한 질문은 다음과 같이 게임으로 해요.

① A4용지 한 장을 접어 쪽지 8장을 만든다. 각 사람에게 4장의 쪽지를 나눠준다.
② 본문 성경을 보고 쪽지에 질문과 답을 적는다.
③ 쪽지를 모두 모아 가운데에 엎어놓고 순서를 정해 쪽지를 한 장씩 가져와 문제를 읽는다.
④ 문제를 듣고 답을 맞힌 사람이 쪽지를 가져간다.
동시에 맞히면 가위바위보 해서 이긴 사람이 가져갈지 줄지 결정한다.
⑤ 문제의 정답을 모두 모를 경우에는 문제를 읽은 사람이 답을 말하고 가져간다.

아합의 아내는 어떤 사람인가요? (시돈 사람의 왕 엣바알의 딸 이세벨)	엘리야가 하나님 여호와께서 살아 계심을 두고 맹세하기를 내 말이 없으면 수년 동안 어떤 일이 있으리라 예언했나요? (비도 이슬도 내리지 아니하리라)
엘리야를 도운 사르밧 과부의 집에 어떤 기적이 있었나요? (사르밧 과부의 기름병의 기름이 없어지지 않고 밀가루 통의 가루가 떨어지지 않음)	바알과 아세라의 선지자들과 여호와 선지자 엘리야가 대결하여 누가 승리했나요? (엘리야가 기도할 때 불이 내려와 모든 사람이 엎드려 여호와는 하나님이시로다 하고 엘리야의 말을 듣고 바알 선지자들을 죽임)

2. 본문 공감을 위한 질문

1) 본문에 나오는 인물이나 사건 등에 대한 생각이나 느낌을 묻는 질문을 만들어요.
2) 여러 질문 중에 한 질문을 선택해 생각이나 느낌을 쓰고 다 같이 나눠요.

번호	질문
1	바알과 아세라를 섬기는 아합과 이세벨을 볼 때 하나님의 마음은 어떠셨을까?
2	엘리야가 아합에게 수년 동안 비도 이슬도 있지 아니하리라는 말을 했을 때 아합은 무슨 생각을 했을까?
3	죽은 아들을 엘리야가 살려주었을 때 과부의 마음은 어땠을까?

4	하나님을 섬기는 엘리야 한 사람과 바알과 아세라를 섬기는 수백 명이 대결해서 엘리야의 제단에 불이 내렸을 때 백성들은 어떤 생각을 했을까?
선택 질문 번호	생각, 느낌
4	바알과 아세라는 가짜이고 진짜 신은 오직 여호와 하나님 한 분이시다는 것을 알게 되었다. 지금까지 가짜 신에게 속은 것이 얼마나 어리석은 행동이었는지 알게 되었을 것이다. 오직 하나님만 섬겨야겠다는 생각을 하며 가짜 신을 믿어서 가뭄이 들었을 것이라는 생각도 했을 것 같다.

3. 본문 참여를 위한 질문

1) 성경 본문 내용 속에 참여해 보아요.
2) 내가 성경 속 사건을 만났거나 성경 속 인물이라면 어땠을지 만약에 라는 질문을 만들어 의견을 써 보아요.
3) 만든 질문의 의견을 보고 또 질문을 만드는 꼬리에 꼬리를 무는 질문을 만들어요.
4) 질문과 의견을 서로 나누어요.

Q1	만약에 사르밧 과부가 자기들이 먹을 것도 조금밖에 없다고 엘리야에게 떡을 만들어 주지 않았다면 어떻게 되었을까?
의견	하나님께서는 엘리야를 사랑하셔서 다른 사람을 택하여 엘리야가 먹을 것을 공급받게 했을 것이고 사르밧 과부와 아들은 결국 굶어 죽게 되었을 것이다
Q2	왜 사르밧 과부는 엘리야에게 자기도 먹을 것이 없는데 떡을 만들어 주었을까?
의견	이방 여인 사르밧 과부는 가난하지만 자비로운 마음이 있었던 것 같다. 그리고 엘리야 선지자가 이스라엘의 하나님 여호와의 말씀이 나 여호와가 비를 지면에 내리는 날까지 그 통의 가루가 떨어지지 아니하고 그 병의 기름이 없어지지 아니하리라 한 말씀을 믿고 순종했다. 그러나 정작 이스라엘 사람들은 하나님이 아닌 바알과 아세라를 숭배하였다.
Q3	사르밧 과부와 아들은 어떤 복을 받았나요?
의견	밀가루가 떨어지지 않고 기름이 떨어지지 않았으며 과부의 아들이 죽었을 때 엘리야가 다시 살리는 기적까지 체험하였다.

주 따르기

1. 본문을 적용하기

1) 본문에서 배운 것을 설명해 보아요.

(1) 본문에서 배운 말씀을 적어본다.

(2) 돌아가며 한 문장씩 말하거나 본문 말씀 전체의 줄거리를 말한다.

2) 본문에서 배운 것을 삶에서 순종해요.

(1) 돈 지출에서 우선순위를 주께 두기

(2) 자신의 일터에서 경제적인 측면만을 생각하고 결정하지 않기

(3) 풍요만을 좇는 세상 풍조 따르지 않기

2. 요절 암송: 열왕기상 18장 39절

모든 백성이 보고 엎드려 말하되/ 여호와 그는 하나님이시로다/ 여호와 그는 하나님이시로다 하니

3. 기도하기

1) 기도 제목을 서로 나누어요.

2) 서로 나눈 기도 제목과 오늘 배운 것을 순종하기 위해 기도해요.

요절 외우기 Tip

포스트잇에 요절을 적어 잘 보이는 곳에 두고 외운다. 포스트잇에 쓴 요절을 스마트폰으로 사진 찍어 sns등에 올려 수시로 보고 외운다. 문장 전체를 한꺼번에 외우기보다 끊어서(/) 반복하여 외우고, 오감을 활용하여 상상하며 외우면 쉽고 오래 기억이 남는다.

제26과 하나님의 말씀을 어긴 요나

주께 향하기

1. 기도하기

2. 일상생활 나누기: 우리 삶의 마음속 이야기를 나누어요.

3. 본문 살펴보기

1) 성경 내용을 소개하기: 인도자가 본문 전체의 줄거리를 간단하게 설명해요.
2) 성경 읽기: 요나 1장, 2회 읽어요.
   교독(인도자, 참가자) → 혼자 읽기(중요하거나 감동 주는 낱말, 문장 줄긋기)
3) 중요한 낱말을 찾아보기

   요나, 니느웨이, 외치라, 다시스, 큰 폭풍, 제비 뽑아, 재앙, 여호와, 서원, 큰 물고기, 물고기 뱃속

4) 중요한 문장을 찾기

   요나 1장 2절, 12절, 14절, 16절

주께 배우기

1. 본문 이해를 위한 질문

1) 본문의 내용을 이해하기 위해 본문을 보고 사실 질문을 만들어요.
2) 본문에서 답을 찾아요.

※ 이 과의 이해를 위한 질문은 다음과 같이 게임으로 해요.

① A4용지 한 장을 접어 쪽지 8장을 만든다. 각 사람에게 4장의 쪽지를 나눠준다.
② 본문 성경을 보고 쪽지에 질문과 답을 적는다.
③ 쪽지를 모두 모아 가운데에 엎어놓고 순서를 정해 쪽지를 한 장씩 가져와 문제를 읽는다.
④ 문제를 듣고 답을 맞힌 사람이 쪽지를 가져간다.
동시에 맞히면 가위바위보 해서 이긴 사람이 가져갈지 줄지 결정한다.
⑤ 문제의 정답을 모두 모를 경우에는 문제를 읽은 사람이 답을 말하고 가져간다.

어디에 이스라엘 백성이 모여 다윗 왕에게 기름을 부어 이스라엘 왕으로 삼았나요? (헤브론)	니느웨로 가서 그들의 악이 하나님 앞에 상달 되었음을 어떻게 하라고 했나요? (향하여 외치라)
요나는 하나님의 낯을 피해 어디로 가려고 했나요? (다시스)	도망가는 요나 때문에 바다에 어떤 일이 있었나요? (큰 폭풍으로 배가 위험해졌음)
재앙을 오게 한 사람으로 제비 뽑힌 사람은 누구였나요? (요나)	요나를 바다에 던지니 바다가 어떻게 되었나요? (잔잔해졌음)
요나는 자기를 누구라고 소개했나요? (히브리사람, 바다와 육지를 지으신 하늘의 하나님을 경외하는 자, 여호와의 얼굴을 피함을 말함)	하나님은 요나를 위해 무엇을 바다에 준비하셨나요? (큰 물고기)

2. 본문 공감을 위한 질문

1) 본문에 나오는 인물이나 사건 등에 대한 생각이나 느낌을 묻는 질문을 만들어요.
2) 여러 질문 중에 한 질문을 선택해 생각이나 느낌을 쓰고 다 같이 나눠요.

번호	질문
1	요나는 하나님이 니느웨로 가서 그들의 악에 대해 외치라 할 때 어떤 생각을 했을까?
2	다시스로 도망가는 요나를 보시며 하나님은 어떤 생각을 하셨을까?
3	자기 때문에 폭풍이 온 것을 알고 요나의 마음은 어땠을까?
4	사람들이 바다로 요나를 던졌을 때 요나의 심정은 어땠을까?
5	물고기 뱃속에 들어간 요나의 마음은 어땠을까?

선택 질문 번호	생각, 느낌
5	하나님의 말씀을 순종하지 않은 자신에 대한 반성과 자신의 모든 것을 훤히 알고 계시는 하나님에 대한 두려움과 그런 부족한 자신을 끝까지 버리지 않으시고 큰 물고기를 준비하셔서 살려주신 하나님의 큰 은혜에 감동했을 것 같고, 물고기 뱃속에서 사흘 동안 있으면서 하나님께 참으로 간절한 통회와 자복의 기도를 했을 것 같다(요나 2장 읽기).

3. 본문 참여를 위한 질문

1) 성경 본문 내용 속에 참여해 보아요.
2) 내가 성경 속 사건을 만났거나 성경 속 인물이라면 어땠을지 만약에 라는 질문을 만들어 의견을 써 보아요.
3) 만든 질문의 의견을 보고 또 질문을 만드는 꼬리에 꼬리를 무는 질문을 만들어요.
4) 질문과 의견을 서로 나누어요.

Q1	만약에 요나가 하나님 말씀에 순종하여 니느웨로 가서 그들의 죄에 대해 외쳤더라면 어떻게 되었을까?
의견	풍랑을 만나 고생하지 않고 다른 사람들도 힘들게 하지 않았을 것이다. 물고기 배 속에서 참으로 고통스러운 삼일 주야를 보내지 않아도 되었을 것이다.
Q2	어떻게 하면 하나님의 말씀을 거역하지 않고 순종할 수 있을까?
의견	하나님께서는 천지 만물을 창조하시고 이 우주를 다스리시는 주인이셔서 절대적으로 신뢰할 수 있는 분이시다. 그래서 때로는 개인적인 취미, 선호, 취향이 하나님의 말씀과 달라 보여도 하나님의 말씀을 따라야 한다. 이것이 사는 길임을 확신한다.
Q3	어떻게 주님의 뜻을 알고 순종할 수 있을까?
의견	주님의 뜻은 주의 말씀 속에 있다. 말씀을 주야로 묵상하며 우리가 사는 모든 삶 속에서 모든 일을 결정하고 살아갈 때 하나님을 사랑하고 이웃을 사랑하는 방향으로 결정하자. 가족을 대할 때, 가정일들을 행할 때, 직장에서 사람들과의 관계와 일을 하는 과정에서 말씀을 적용하며 순종하는 삶을 살도록 기도하며 행하자.

주 따르기

1. 본문을 적용하기

1) 본문에서 배운 것을 설명해 보아요.

(1) 본문에서 배운 말씀을 적어본다.

(2) 돌아가며 한 문장씩 말하거나 본문 말씀 전체의 줄거리를 말한다.

2) 본문에서 배운 것을 삶에서 순종해요.

(1) 내 주변에 용납하기 어려운 사람들에게도 예수 사랑 전하기

(2) 사람이나 일이나 형편에서 용납하기 어려운 이유가 있다면 그것을 찾아서 고치기

2. 요절 암송: 요나서 2장 9절

나는 감사하는 목소리로/ 주께 제사를 지내며/ 나의 서원을 주께 갚겠나이다/

구원은 여호와께 속하였나이다 하니라.

3. 기도하기

1) 기도 제목을 서로 나누어요.

2) 서로 나눈 기도 제목과 오늘 배운 것을 순종하기 위해 기도해요.

제27과 포로로 잡혀간 이스라엘

주께 향하기

1. 기도하기

2. 일상생활 나누기: 우리 삶의 마음속 이야기를 나누어요.

3. 본문 살펴보기

1) 성경 내용을 소개하기: 인도자가 본문 전체의 줄거리를 간단하게 설명해요.
2) 성경 읽기: 열왕기하 25장 1-21절, 3회 읽어요.
교독(인도자, 참가자) → 혼자 읽기(중요하거나 감동 주는 낱말, 문장 줄긋기)
3) 중요한 낱말을 찾아 빙고 놀이하기

시드기야	느부갓네살	토성
기근	시위대장	여호와의성전
성벽	도망	대제사장

예) 사로잡음 / 느부사라단 /

4) 중요한 문장을 찾기

열왕기하 25장 3절, 7절, 16절, 21절

주께 배우기

1. 본문 이해를 위한 질문

1) 본문의 내용을 이해하기 위해 본문을 보고 사실 질문을 만들어요.
2) 본문에서 답을 찾아요.

번호	질문	답
1	시드기야 왕 구 년에 누가 예루살렘을 치러왔나요?	바벨론 왕 느부갓네살
2	시드기아 왕과 왕자는 어떻게 되었나요?	왕자들은 시드기아 왕 눈앞에서 죽임을 당하고 시드기아 왕은 두 눈을 빼고 사슬로 결박되어 바벨론으로 끌려감
3	느부사라단은 어떤 일을 했나요?	여호와의 성전과 왕궁을 불사르고 예루살렘의 모든 집의 불살랐고 성벽을 헐고 남아 있는 백성들, 항복한 자들을 사로잡아가고 비천한 자들을 남겨서 포도원을 다스리는 자와 농부가 되게 하였다.
4	갈대아 사람들은 예루살렘의 무엇을 가져갔나요?	솔로몬이 만든 여호와의 성전에 있는 모든 것들을 가져갔다.
5	대제사장, 부제사장, 성전 문지기 등 육십 명을 사로잡아 바벨론 왕으로 끌고 가니 어떻게 했나요?	하맛 땅 립나에서 쳐 죽임
6	왜 유다 백성들은 그런 고통을 당하게 되었나요?	우상을 섬기는 악을 행하여서 여호와께서 진노하셨음.

2. 본문 공감을 위한 질문

1) 본문에 나오는 인물이나 사건 등에 대한 생각이나 느낌을 묻는 질문을 만들어요.
2) 여러 질문 중에 한 질문을 선택해 생각이나 느낌을 쓰고 다 같이 나눠요.

번호	질문
1	바벨론이 예루살렘 성 밖에서 3년 가까이 진을 치고 있을 때 예루살렘 사람들은 마음이 어땠을까?
2	왕자들은 시드기아 왕 눈앞에서 죽임을 당하고, 시드기아 왕은 두 눈을 빼고 사슬로 결박되어 바벨론으로 끌려갈 때 무슨 생각을 했을까?
3	솔로몬 성전의 모든 물건을 바벨론으로 가져가는 것을 본 예루살렘 사람들의 마음은 어땠을까?
4	유다 백성들은 말할 수 없는 고통을 당하며 무슨 생각을 했을까?
선택 질문 번호	**생각, 느낌**
2	자식들이 자기 눈앞에서 죽임을 당할 때 얼마나 괴로웠을까? 상상할 수도 없다. 자신은 눈을 빼는 고통을 당하고 짐승처럼 바벨론으로 질질 끌려가며 인간으로는 감당하기 힘든 모욕과 고통에 몸서리를 쳤을 것이다. 왕으로 누렸던 모든 것을 잃고 최악의 길로 떨어진 시드기아는 왜 이런 슬픔이 찾아왔는지 생각하며 하나님을 제대로 섬기지 않고 우상을 섬긴 잘못이 얼마나 하나님을 노엽게 했는지 깨닫기나 했을까?

3. 본문 참여를 위한 질문

1) 성경 본문 내용 속에 참여해 보아요.
2) 내가 성경 속 사건을 만났거나 성경 속 인물이라면 어땠을지 만약에 라는 질문을 만들어 의견을 써 보아요.
3) 만든 질문의 의견을 보고 또 질문을 만드는 꼬리에 꼬리를 무는 질문을 만들어요.
4) 질문과 의견을 서로 나누어요.

Q1	만약에 시드기야가 하나님을 잘 섬기고 우상을 섬기지 않았더라면 어떻게 되었을까?
의견	왕자들은 시드기아 왕 눈앞에서 죽임을 당하고 시드기아 왕은 두 눈을 빼고 사슬로 결박되어 바벨론으로 끌려가는 고통과 수모를 당하지 않고 유다 나라를 평화롭게 다스리며 행복한 왕이 되었을 것이며 하나님께서 유대 나라를 지켜주셨을 것 같다.
Q2	어떻게 하는 것이 하나님을 잘 섬기는 것일까?

의견	마음을 다하고 뜻을 다하고 힘을 다하여 하나님을 섬기고 사랑하는 사람이 되자. 십계명에 나온 계명들을 잘 지키자.
Q3	하나님을 사랑하고 계명을 잘 지키면 어떤 복을 받을까?
의견	자신과 자손들에게 복을 주신다. 들어가도 나가도 복을 받고, 모든 상황에서 하나님께서 최상의 복을 주실 것이다.

주 따르기

1. 본문을 적용하기

1) 본문에서 배운 것을 설명해 보아요.

(1) 본문에서 배운 말씀을 적어본다.

(2) 돌아가며 한 문장씩 말하거나 본문 말씀 전체의 줄거리를 말한다.

2) 본문에서 배운 것을 삶에서 순종해요.

(1) 매 순간 하나님을 생각하기

(2) 영적으로 늘 깨어있기

(3) 말씀과 기도를 매일 삶의 중심으로 하기지 못하고

(4) 말씀을 순종하려고 힘쓰기

(5) TV, 인터넷 뉴스 등에 시간을 빼앗기지 않기

2. 요절 암송: 열왕기하 25장 7절

그들이/ 시드기야의 아들들을/ 그의 눈앞에서 죽이고/ 놋 사슬로/ 그를 결박하여/

바벨론으로 끌고 갔더라.

3. 기도하기

1) 기도 제목을 서로 나누어요.

2) 서로 나눈 기도 제목과 오늘 배운 것을 순종하기 위해 기도해요.

제28과 믿음이 깊은 욥의 이야기

주께 향하기

1. 기도하기

2. 일상생활 나누기: 우리 삶의 마음속 이야기를 나누어요.

3. 본문 살펴보기

1) 성경 내용을 소개하기: 인도자가 본문 전체의 줄거리를 간단하게 설명해요.
2) 성경 읽기: 욥기 1장, 욥기 42장 10-17절, 2회 읽어요.
   교독(인도자, 참가자) → 혼자 읽기(중요하거나 감동 주는 낱말, 문장 줄긋기)
3) 중요한 낱말을 찾아보기

우스 땅, 욥, 경외, 동방, 가장 훌륭한 자, 여호와, 사탄, 소유물, 욕, 알몸,
찬송, 원망하지 않음, 친구들, 갑절, 복, 아리따운 여자, 백사십 년

4) 중요한 문장을 찾기

욥기 48장 1절, 21절, 22절, 10절

주께 배우기

1. 본문 이해를 위한 질문

1) 본문의 내용을 이해하기 위해 본문을 보고 사실 질문을 만들어요.
2) 본문에서 답을 찾아요.

※ 이 과의 이해를 위한 질문은 다음과 같이 게임으로 해요.

① A4용지 한 장을 접어 쪽지 8장을 만든다. 각 사람에게 4장의 쪽지를 나눠준다.
② 본문 성경을 보고 쪽지에 질문과 답을 적는다.
③ 쪽지를 모두 모아 가운데에 엎어놓고 순서를 정해 쪽지를 한 장씩 가져와 문제를 읽는다.
④ 문제를 듣고 답을 맞힌 사람이 쪽지를 가져간다.
   동시에 맞히면 가위바위보 해서 이긴 사람이 가져갈지 줄지 결정한다.
⑤ 문제의 정답을 모두 모를 경우에는 문제를 읽은 사람이 답을 말하고 가져간다.

욥은 어떤 사람이었나요? (온전하고 정직하여 하나님을 경외하며 악에서 떠난 자.)	시험을 이긴 욥이 받은 복은? (이전의 모든 소유의 갑절을 주심. 아들 일곱, 딸 셋을 주심)
사탄은 어떤 이유로 욥이 하나님을 경외한다고 했나요? (주께서 욥과 집, 욥의 모든 소유물을 울타리로 두르심 때문이고 주께서 그의 손으로 하는 바를 복되게 하사 그의 소유물이 땅에 넘치게 하셨기 때문에 하나님을 경외한다.)	모든 소유를 잃었을 때 욥의 반응은 어땠나요? (욥이 일어나 겉옷을 찢고 머리털을 밀고 땅에 엎드려 예배하며 이르되 내가 모태에서 알몸으로 나왔사온 즉 또한 알몸이 그리로 돌아가올지라 주신 이도 여호와시요 거두신 이도 여호와시오니 여호와의 이름이 찬송을 받으실지니이다 하고 범죄하지 않음)
여호와께서 무엇만 빼고 사탄의 손에 맡겼나요? (욥의 몸)	소유물을 치면 욥이 어떻게 할 거라고 하나님께 사탄이 말했나요? (주의 손을 펴서 욥의 모든 소유물을 치면 틀림없이 주를 향하여 욕할 것이다.)
여호와 하나님이 사탄에게 누구를 칭찬했나요? (욥)	시험을 당한 후 몇 년을 더 살았나요? (백사십 년)

2. 본문 공감을 위한 질문

1) 본문에 나오는 인물이나 사건 등에 대한 생각이나 느낌을 묻는 질문을 만들어요.
2) 여러 질문 중에 한 질문을 선택해 생각이나 느낌을 쓰고 다 같이 나눠요.

번호	질문
1	욥을 사탄에게 칭찬하시는 하나님의 마음은 어떠셨을까?
2	소유물과 자녀를 잃고도 끝까지 하나님을 경외하는 욥을 본 사탄은 어떤 생각을 했을까?
3	시험을 이기고 갑절로 복을 받은 욥은 어떤 마음이 들었을까?
4	시험을 이긴 욥에게 갑절로 복을 주신 하나님의 마음은 어떠셨을까?

선택 질문 번호	생각, 느낌
2	사탄의 생각에는 소유를 잃으면 하나님을 원망하고 하나님을 떠날 줄 알았는데 끝까지 하나님을 경외하는 것을 보고 놀랐을 것이다. 하나님의 생각이 옳다는 것을 인정하게 되었을 것이다. 하나님을 어떤 환경 때문에 믿고 경외하지 말고 어떤 상황에서도 하나님을 신뢰하고 경외하는 삶을 살아야겠다.

3. 본문 참여를 위한 질문

1) 성경 본문 내용 속에 참여해 보아요.
2) 내가 성경 속 사건을 만났거나 성경 속 인물이라면 어땠을지 만약에 라는 질문을 만들어 의견을 써 보아요.
3) 만든 질문의 의견을 보고 또 질문을 만드는 꼬리에 꼬리를 무는 질문을 만들어요.
4) 질문과 의견을 서로 나누어요.

Q1	만약에 욥이 사탄이 자녀와 소유물을 쳤을 때 하나님을 원망했더라면 어떻게 되었을까?
의견	사탄은 의기양양했을 것이며 욥은 갑절의 복도 받지 못했을 것이다.
Q2	사탄의 시험을 이기는 방법은 무엇일까?
의견	어떤 상황에서도 하나님을 신뢰하며 끝까지 하나님을 믿고 경외하며 주님의 뜻을 따라 살아야 한다.
Q3	어떻게 하면 어떤 상황에서도 주님을 신뢰하고 끝까지 경외할 수 있을까?
의견	창조주 하나님, 이 세상을 다스리시는 분, 이 세상의 주인이심을 확실히 알고 나를 사랑하시는 분, 좋으신 하나님을 절대적으로 신뢰함.

주 따르기

1. 본문을 적용하기

1) 본문에서 배운 것을 설명해 보아요.

(1) 본문에서 배운 말씀을 적어본다.

(2) 돌아가며 한 문장씩 말하거나 본문 말씀 전체의 줄거리를 말한다.

2) 본문에서 배운 것을 삶에서 순종해요.

(1) 교회일 뿐 아니라 일상의 삶에서도 절대적으로 주님을 신뢰하기

(2) 큰일뿐 아니라 작은 일에서도 절대적으로 주님을 신뢰하기

(3) 평안을 누릴 때에도 하나님 앞에서 경건하게 살기

(4) 큰 질병이나 재산을 순식간에 잃었을 때도 주님을 바라보기

2. 요절 암송: 욥기 1장 21절

이르되/ 내가 모태에서 알몸으로 나왔사온/ 즉 또한 알몸이 그리로 돌아가올지라/ 주신 이도 여호와시오/ 거두신 이도 여호와시오니/ 여호와의 이름이 찬송을 받으실지니이다 하고

3. 기도하기

1) 기도 제목을 서로 나누어요.

2) 서로 나눈 기도 제목과 오늘 배운 것을 순종하기 위해 기도해요.

제29과 하나님께 순종한 다니엘

주께 향하기

1. 기도하기

2. 일상생활 나누기: 우리 삶의 마음속 이야기를 나누어요.

3. 본문 살펴보기

1) 성경 내용을 소개하기: 인도자가 본문 전체의 줄거리를 간단하게 설명해요.
2) 성경 읽기: 다니엘 6장, 2회 읽어요.
교독(인도자, 참가자) → 혼자 읽기(중요하거나 감동 주는 낱말, 문장 줄긋기)
3) 중요한 낱말을 찾아 빙고 놀이하기

다니엘	다리오 왕	총리
충성	허물	고발
조서	왕의 도장	기도

예) 간구 / 금령 / 사자 굴 / 참소 / 구원 / 형통

4) 중요한 문장을 찾기

다니엘 6장 10절, 22절, 26-27절

주께 배우기

1. 본문 이해를 위한 질문

1) 본문의 내용을 이해하기 위해 본문을 보고 사실 질문을 만들어요.
2) 본문에서 답을 찾아요.

※ 이 과의 이해를 위한 질문은 다음과 같이 게임으로 해요.

① A4용지 한 장을 접어 쪽지 8장을 만든다. 각 사람에게 4장의 쪽지를 나눠준다.
② 본문 성경을 보고 쪽지에 질문과 답을 적는다.
③ 쪽지를 모두 모아 가운데에 엎어놓고 순서를 정해 쪽지를 한 장씩 가져와 문제를 읽는다.
④ 문제를 듣고 답을 맞힌 사람이 쪽지를 가져간다.
동시에 맞히면 가위바위보 해서 이긴 사람이 가져갈지 줄지 결정한다.
⑤ 문제의 정답을 모두 모를 경우에는 문제를 읽은 사람이 답을 말하고 가져간다.

다니엘은 마음이 민첩하여 총리들과 고관들 위에 뛰어나므로 왕이 그를 어떻게 사용하려 했나요? (전국을 다스리게 하고자 함)	사자 굴에서 다니엘은 어떻게 살아났나요? (하나님이 천사를 보내어 사자들의 입을 봉하셨음)
삼십일 동안에 누구든지 왕 외의 어떤 신에게나 사람에게 무엇을 구하면 사자 굴에 던져 넣기로 한 것을 알고 다니엘은 어떻게 했나요? (예루살렘으로 향한 창문을 열고 전에 하던 대로 하루 세 번씩 무릎을 꿇고 기도하며 그의 하나님께 감사함)	총리들과 고관들이 국사에 대하여 다니엘을 고발할 근거를 찾고자 하여서 무엇을 찾았나요? (아무 근거, 아무 허물도 찾지 못하였으니 이는 그가 충성되어 아무 그릇됨도 없고 아무 허물도 없었음)

2. 본문 공감을 위한 질문

1) 다니엘에게 질문을 해요(생각, 느낌 질문)

(1) 사자 굴에 들어갈 수밖에 없는 상황에도 예루살렘을 향하여 하루에 세 번 기도하면서 어떤 생각을 했나요?
(2) 사자 굴에서 구해주신 하나님을 어떻게 생각했나요?
(3) 고관들이 질투해서 죽이려 했을 때 마음이 어떠셨나요?
(4) 다리오 왕이 새벽에 와서 슬피 네가 섬기는 하나님이 너를 구원했느냐고 물을 때 마음이 어땠나요?
(5) 다리오 왕이 조서를 내려 나라의 모든 사람에게 하나님을 섬기라고 했을 때 어떤 생각을 했나요?

2) 다니엘의 역할을 인도자 자녀(학생) 순으로 해 보아요. 다니엘의 심정이 되어 질문에 답해요.

3. 본문 참여를 위한 질문

1) 성경 본문 내용 속에 참여해 보아요.
2) 내가 성경 속 사건을 만났거나 성경 속 인물이라면 어땠을지 만약에 라는 질문을 만들어 의견을 써 보아요.
3) 만든 질문의 의견을 보고 또 질문을 만드는 꼬리에 꼬리를 무는 질문을 만들어요.
4) 질문과 의견을 서로 나누어요.

Q1	만약에 다니엘이 사자 굴에 들어가게 될까 봐 하나님께 기도하기를 포기했다면 어떻게 되었을까
의견	사자 굴에 들어가지는 않았겠지만 어떤 방법으로든지 시기 질투하는 총리와 고관들에게 고통을 당했을 것이고, 사자 굴에서 살아나 다리오 왕이 전 국민에게 하나님을 섬기라는 조사도 내리지 않았을 것이다.
Q2	다니엘은 어떻게 사자 굴에 들어가는 것임에도 불구하고 예루살렘을 향하여 세 번 기도할 수 있었을까?
의견	하나님에 대한 절대 신뢰가 있었기에 고난과 위기의 상황에서도 감사 기도를 할 수 있었을 것 같다. 나도 어떤 환난의 상황에서도 믿음을 잃지 않는 사람이 되기를 기도한다.

주 따르기

1. 본문을 적용하기

1) 본문에서 배운 것을 설명해 보아요.
(1) 본문에서 배운 말씀을 적어본다.

(2) 돌아가며 한 문장씩 말하거나 본문 말씀 전체의 줄거리를 말한다.

2) 본문에서 배운 것을 삶에서 순종해요.

(1) 직장에서 다니엘처럼 지혜와 성실로 일하기

(2) 복음으로 어려움을 당하더라도 끝까지 인내하기

2. 요절 암송: 다니엘 6장 26 하반절-27절

그는 살아 계시는 하나님이시오/ 영원히 변하지 않으실 이시며/ 그의 나라는 멸망하지 아니할 것이요/ 그의 권세는 무궁할 것이며/ 그는 구원도 하시며 건져내기도 하시며/ 하늘에서든지 땅에서든지/ 이적과 기사를 행하시는 이로서/ 다니엘을 구원하여 사자의 입에서 벗어나게 하셨음이라 하였더라.

3. 기도하기

1) 기도 제목을 서로 나누어요.

2) 서로 나눈 기도 제목과 오늘 배운 것을 순종하기 위해 기도해요.

제30과 믿음의 여인 에스더

주께 향하기

1. 기도하기

2. 일상생활 나누기: 우리 삶의 마음속 이야기를 나누어요.

3. 본문 살펴보기

1) 성경 내용을 소개하기: 인도자가 본문 전체의 줄거리를 간단하게 설명해요.
2) 성경 읽기: 에스더 4장, 2회 읽어요.
교독(인도자, 참가자) → 혼자 읽기(중요하거나 감동 주는 낱말, 문장 줄긋기)
3) 중요한 낱말을 찾아 빙고 놀이하기

모르드개	베 옷	대성통곡
조서	애통	왕후 에스더
금 규	왕궁	죽으면 죽으리이다

4) 중요한 문장을 찾기

에스더 4장 13절, 14절, 16절

주께 배우기

1. 본문 이해를 위한 질문

1) 본문의 내용을 이해하기 위해 본문을 보고 사실 질문을 만들어요.

2) 본문에서 답을 찾아요.

※ 이 과의 이해를 위한 질문은 다음과 같이 게임으로 해요.

① A4용지 한 장을 접어 쪽지 8장을 만든다. 각 사람에게 4장의 쪽지를 나눠준다.

② 본문 성경을 보고 쪽지에 질문과 답을 적는다.

③ 쪽지를 모두 모아 가운데에 엎어놓고 순서를 정해 쪽지를 한 장씩 가져와 문제를 읽는다.

④ 문제를 듣고 답을 맞힌 사람이 쪽지를 가져간다.
동시에 맞히면 가위바위보 해서 이긴 사람이 가져갈지 줄지 결정한다.

⑤ 문제의 정답을 모두 모를 경우에는 문제를 읽은 사람이 답을 말하고 가져간다.

왕의 명령과 조서가 각 지방에 이르매 유대인들은 어떻게 했나요? (크게 애통하여 금식하고 울며 부르짖고 굵은 베 옷을 입고 재에 누웠음)	에스더의 말을 들은 모르드개는 뭐라 했나요? (너는 왕궁에 있으니 모든 유대인 중에 홀로 목숨을 건지리라 생각하지 말라. 네가 만일 잠잠하여 말이 없으면 유대인은 다른 데로 말미암아 놓임과 구원을 얻으려니와 너와 네 아버지 집은 멸망하리라)
유대인을 진멸하라고 수산 궁에서 내린 조서 초본을 하닥에게 주어 에스더에게 보여 알게 하고 또 그에게 부탁하여 왕에게 나아가서 그 앞에서 자기 민족을 위하여 간절히 구하라 할 때 에스더는 어떻게 했나요? (왕에게 나가 부탁을 말하기 힘들다 함)	에스더는 모르드개에게 무엇을 부탁했나요? (수산에 있는 유대인을 다 모으고 나를 위하여 금식하되 밤낮 삼 일을 먹지도 말고 마시지도 마소서 나도 나의 시녀와 더불어 이렇게 금식한 후에 규례를 어기고 왕에게 나아가리니 죽으면 죽으리이다)

2. 본문 공감을 위한 질문

1) 에스더에게 질문을 해요(생각, 느낌 질문)

(1) 모르드개가 대성통곡한다는 소식을 듣고 어땠나요?

(2) 유대인을 다 죽인다는 소식을 듣고 어떤 마음이었나요?

(3) 모르드개 삼촌이 왕에게 나가 유대인을 구하라 했을 때 무슨 생각을 했나요?

(4) 삼일 금식을 결정하고 나서 마음이 어땠나요?

(5) 죽으면 죽으리이다라는 마음으로 왕에게 나갈 생각을 했을 때 심정은 어떠셨나요?

2) 에스더의 역할을 인도자 자녀(학생) 순으로 해 보아요. 에스더의 심정이 되어 질문에 답해요.

3. 본문 참여를 위한 질문

1) 성경 본문 내용 속에 참여해 보아요.
2) 내가 성경 속 사건을 만났거나 성경 속 인물이라면 어땠을지 만약에 라는 질문을 만들어 의견을 써 보아요.
3) 만든 질문의 의견을 보고 또 질문을 만드는 꼬리에 꼬리를 무는 질문을 만들어요.
4) 질문과 의견을 서로 나누어요.

Q1	만약에 에스더가 왕에게 유대인을 위해 나아가지 않았다면 어떻게 되었을까?
의견	모르드개의 말처럼 하나님은 다른 방법으로 유대인을 구했을 것이다. 하나님은 자기 백성을 절대 버리시지 않기 때문이다. 그러나 에스더는 모르드개의 말처럼 사명을 다 감당하지 못함으로 유대인이라는 이유로 왕후 자리에서 쫓겨나서 처참한 최후를 맞이할 수도 있었을 것이다.
Q2	우리에게 주어진 사명을 어떻게 감당해야 할까?
의견	때로는 사명을 감당하는 일이 위험하기도 하고, 많은 희생을 해야 하는 때도 있을 것이다. 또 내 힘으로 도저히 감당할 수 없는 때도 있을 것이다. 에스더처럼 기도하고 하나님의 도우심을 구하며 최선의 노력을 다하는 것이 중요하다고 생각한다.
Q3	사명을 잘 감당한 사람들에게 어떤 보상이 있나요?
의견	고난 중에서도 평화, 감사, 긍휼, 은혜로 가장 복된 삶을 살 수 있다.

요절 외우기 Tip

포스트잇에 요절을 적어 잘 보이는 곳에 두고 외운다. 포스트잇에 쓴 요절을 스마트폰으로 사진 찍어 sns등에 올려 수시로 보고 외운다. 문장 전체를 한꺼번에 외우기보다 끊어서(/) 반복하여 외우고, 오감을 활용하여 상상하며 외우면 쉽고 오래 기억이 남는다.

주 따르기

1. 본문을 적용하기

1) 본문에서 배운 것을 설명해 보아요.

(1) 본문에서 배운 말씀을 적어본다.

(2) 돌아가며 한 문장씩 말하거나 본문 말씀 전체의 줄거리를 말한다.

2) 본문에서 배운 것을 삶에서 순종해요.

(1) 현재 자리에 하나님을 위한 역할을 찾아 순종하기

2. 요절 암송: 에스더 4장 14절

이 때에 / 네가 만일 잠잠하여 말이 없으면 / 유다인은 다른 데로 말미암아 /놓임과 구원을 얻으려니와/
너와 네 아버지 집은 멸망하리라 /네가 왕후의 자리를 얻은 것이/ 이 때를 위함이 아닌지 /누가 알겠느냐 하니

3. 기도하기

1) 기도 제목을 서로 나누어요.

2) 서로 나눈 기도 제목과 오늘 배운 것을 순종하기 위해 기도해요.

신약편

성경이 나에게 말해요(가이드북)

가정예배, 주일학교, 직장신우회 등에서 성경을 이해하고,
공감하고, 참여하게 하는 질문식 성경 공부

제1과 예수님의 탄생

주께 향하기

1. 기도하기

2. 일상생활 나누기: 우리 삶의 마음속 이야기를 나누어요.

3. 본문 살펴보기

1) 성경 내용을 소개하기: 인도자가 본문 전체의 줄거리를 간단하게 설명해요.
2) 성경 읽기: 마태복음 1장 17-25절, 3회 읽어요.
   교독(인도자, 참가자) → 혼자 읽기(중요하거나 감동 주는 낱말, 문장 줄긋기)
3) 중요한 낱말을 찾아보기

   아브라함, 다윗, 그리스도, 열네 대, 예수, 그리스도, 약혼, 성령, 잉태, 요셉, 마리아, 구원할 자, 임마누엘

4) 중요한 문장을 찾기

   마태복음 1장 21절, 23절

주께 배우기

1. 본문 이해를 위한 질문

1) 본문의 내용을 이해하기 위해 본문을 보고 사실 질문을 만들어요.
2) 본문에서 답을 찾아요.

※ 이 과의 이해를 위한 질문은 다음과 같이 게임으로 해요.

① A4용지 한 장을 접어 쪽지 8장을 만든다. 각 사람에게 4장의 쪽지를 나눠준다.
② 본문 성경을 보고 쪽지에 질문과 답을 적는다.
③ 쪽지를 모두 모아 가운데에 엎어놓고 순서를 정해 쪽지를 한 장씩 가져와 문제를 읽는다.
④ 문제를 듣고 답을 맞힌 사람이 쪽지를 가져간다.
   동시에 맞히면 가위바위보 해서 이긴 사람이 가져갈지 줄지 결정한다.
⑤ 문제의 정답을 모두 모를 경우에는 문제를 읽은 사람이 답을 말하고 가져간다.

요셉은 어떤 사람이었나요? (의로운 사람)	예수라는 뜻은 무엇인가요? (그가 자기 백성을 그들의 죄에서 구원할 자)
예수님은 어떻게 잉태 되었나요? (성령)	임마누엘이란 뜻은 무엇인가요? (하나님이 우리와 함께 계시다)
요셉은 꿈에서 누가 분부한 것을 행했나요? (주의 사자)	아들을 낳자 이름을 누구라 했나요? (예수)

2. 본문 공감을 위한 질문

1) 본문에 나오는 인물이나 사건 등에 대한 생각이나 느낌을 묻는 질문을 만들어요.
2) 여러 질문 중에 한 질문을 선택해 생각이나 느낌을 쓰고 다 같이 나눠요.

번호	질문
1	요셉은 정혼녀 마리아가 임신 한 것을 알고 마음이 어땠을까요?
2	선지자의 예언대로 이루어진 것을 어떻게 생각하나요?
3	하나님이 우리와 함께 계시다는 것은 나에게 어떤 의미인가요?
선택 질문 번호	생각, 느낌
3	하나님이신 예수님께서 하늘의 영광을 버리시고 이 땅에 사람으로 오셨다는 것은 인간에게 가장 좋은 소식 중 하나이다. 하나님이 나와 함께 하신다면 아무것도 염려할 것이 없고 두려움이 없고 엄마 품에 안겨 있는 것 같은 포근함을 느끼게 한다. 하나님께서 함께 하시면 늘 평화와 감사와 기쁨이 함께 할 것이다.

3. 본문 참여를 위한 질문

1) 성경 본문 내용 속에 참여해 보아요.
2) 내가 성경 속 사건을 만났거나 성경 속 인물이라면 어땠을지 만약에 라는 질문을 만들어 의견을 써 보아요.
3) 만든 질문의 의견을 보고 또 질문을 만드는 꼬리에 꼬리를 무는 질문을 만들어요.
4) 질문과 의견을 서로 나누어요.

Q1	만약에 예수님이 이 땅에 오시지 않았다면 어떻게 되었을까?
의견	죄로부터 우리를 구원하시지 못했을 것이다.
Q2	구원의 길이 열리지 않았다면 어떻게 되었을까?
의견	죄 속에서 고통의 삶을 살았을 것이다.
Q3	죄의 문제를 해결할 유일한 방법은 무엇일까?
의견	우리의 죄 문제를 해결하시고자 십자가에 피 흘려 돌아가신 예수님을 구주로 영접하고 죄 용서를 받는 길만이 유일한 죄로부터 구원의 길이다.

주 따르기

1. 본문을 적용하기

1) 본문에서 배운 것을 설명해 보아요.

(1) 본문에서 배운 말씀을 적어본다.

(2) 돌아가며 한 문장씩 말하거나 본문 말씀 전체의 줄거리를 말한다.

2) 본문에서 배운 것을 삶에서 순종해요.

(1) 우리를 죄에서 구하러 오신 예수님을 믿고 감사하기

(2) 예수님의 낮아지심을 본받아 우리도 낮아짐을 연습하기

2. 요절 암송: 마태복음 1장 21절

아들을 낳으리니/ 이름을 예수라 하라/ 이는 그가 자기 백성을/ 그들의 죄에서/ 구원할 자이심이라 하니라

3. 기도하기

1) 기도 제목을 서로 나누어요.

2) 서로 나눈 기도 제목과 오늘 배운 것을 순종하기 위해 기도해요.

소중한 가치 부록

영국의 거부였던 '피츠제럴드'는 아이가 열 살이 넘었을 때 아내를 잃었고 그의 아들도 스무 살이 되기 전에 잃고 말았습니다. 홀로된 피츠제럴드는 거장들의 예술 작품을 수집하며 그 슬픔을 잊으려 노력했습니다. 세월이 흘러 피츠제럴드도 병으로 죽게 되었는데, 그가 남긴 유언장에 자신의 재산을 어떻게 처분할 것인가를 비밀스럽게 밝혀 두었습니다. 그의 모든 소장품이 경매에 부쳐졌는데 수백만 파운드에 달하는 소장품을 사려는 사람들로 북새통을 이뤘습니다. 제일 처음 이루어진 경매 그림은 무명화가가 그린 '내 사랑하는 아들'이라는 그림이었습니다. 그러나 아무도 피츠제럴드의 외아들을 그린 이 초라한 그림을 입찰하려고 하지 않았습니다. 그런데 이때 뒷자리에 앉아 있던 초라한 노인이 손을 들더니 전 재산을 다 털어 그 그림을 샀습니다. 그 노인은 피츠제럴드의 아들을 어릴 때부터 돌보았던 늙은 하인이었습니다. 그 순간 변호사는 경매를 중지시키고 피츠제럴드의 유언장을 읽었습니다.

"누구든지 내 아들의 그림을 사는 이가 모든 소장품을 가질 것입니다. 이 그림을 선택한다면 그는 가장 소중한 것이 무엇인지 아는 사람이니 모든 것을 가질 충분한 자격이 있습니다!"

(김장환, 『하나님과 함께 모든 일에 넉넉히 이기라』)

제2과 마귀에게 시험을 받으신 예수님

주께 향하기

1. 기도하기

2. 일상생활 나누기: 우리 삶의 마음속 이야기를 나누어요.

3. 본문 살펴보기

1) 성경 내용을 소개하기: 인도자가 본문 전체의 줄거리를 간단하게 설명해요.
2) 성경 읽기: 누가복음 4장 1-13절, 3회 읽어요.
   교독(인도자, 참가자) → 혼자 읽기(중요하거나 감동 주는 낱말, 문장 줄긋기)
3) 중요한 낱말을 찾아보기

성령 충만, 사십 일, 마귀, 돌, 떡, 천하만국, 절, 경배, 성전 꼭대기, 시험

4) 중요한 문장을 찾기

누가복음 4장 4절, 8절, 12절

주께 배우기

1. 본문 이해를 위한 질문

1) 본문의 내용을 이해하기 위해 본문을 보고 사실 질문을 만들어요.
2) 본문에서 답을 찾아요.

※ 이 과의 이해를 위한 질문은 다음과 같이 게임으로 해요.

① A4용지 한 장을 접어 쪽지 8장을 만든다. 각 사람에게 4장의 쪽지를 나눠준다.
② 본문 성경을 보고 쪽지에 질문과 답을 적는다.
③ 쪽지를 모두 모아 가운데에 엎어놓고 순서를 정해 쪽지를 한 장씩 가져와 문제를 읽는다.
④ 문제를 듣고 답을 맞힌 사람이 쪽지를 가져간다.
   동시에 맞히면 가위바위보 해서 이긴 사람이 가져갈지 줄지 결정한다.
⑤ 문제의 정답을 모두 모를 경우에는 문제를 읽은 사람이 답을 말하고 가져간다.

광야에서 얼마 동안 아무것도 잡수시지 않으셨나요? (40일)	돌들에게 명하여 떡이 되게 하라 할 때 뭐라 하셨나요? (기록된바 사람이 떡으로만 살 것이 아니니라 하였느니라)
시험을 무엇으로 이겼나요? (말씀으로)	마귀는 몇 가지를 시험 했나요? (세 가지)

2. 본문 공감을 위한 질문

1) 본문에 나오는 인물이나 사건 등에 대한 생각이나 느낌을 묻는 질문을 만들어요.
2) 여러 질문 중에 한 질문을 선택해 생각이나 느낌을 쓰고 다 같이 나눠요.

번호	질문
1	마귀는 어떤 생각으로 예수님을 시험했을까?
2	마귀가 시험할 때 예수님은 무슨 생각을 하셨을까?
3	마귀의 시험을 이긴 예수님의 마음은 어떠셨을까?
선택 질문 번호	생각, 느낌
1	마귀는 아담을 유혹하여 넘어지게 했던 것처럼 예수님도 유혹하여 넘어지게 하려고 시험한 것 같다.

3. 본문 참여를 위한 질문

1) 성경 본문 내용 속에 참여해 보아요.
2) 내가 성경 속 사건을 만났거나 성경 속 인물이라면 어땠을지 만약에 라는 질문을 만들어 의견을 써 보아요.
3) 만든 질문의 의견을 보고 또 질문을 만드는 꼬리에 꼬리를 무는 질문을 만들어요.
4) 질문과 의견을 서로 나누어요.

Q1	만약에 내가 40일을 굶고 시험이 오면 나는 어떻게 할까?
의견	너무 배가 고프고 힘이 들어서 판단력도 흐려져 쉽게 넘어지지 않을까 생각이 된다.
Q2	어떻게 하면 힘든 상황에서도 넘어지지 않을까?
의견	말씀으로 무장하고 내 힘으로 이기려 하지 말고 하나님께 도움을 구해야 한다.
Q3	매사에 하나님을 의지하고 도움을 받으려면 어떻게 해야 할까?
의견	말씀을 주야로 묵상하고 항상 깨어 있자. 평상시에도 매사를 주께 의지하는 삶의 태도로 살자.

주 따르기

1. 본문을 적용하기

1) 본문에서 배운 것을 설명해 보아요.

(1) 본문에서 배운 말씀을 적어본다.

(2) 돌아가며 한 문장씩 말하거나 본문 말씀 전체의 줄거리를 말한다.

2) 본문에서 배운 것을 삶에서 순종해요.

(1) 어렵고 힘들 때 성경 말씀으로 이겨 내기.

(2) 각자 시험 받을 때 쉽게 넘어갈 수 있는 연약한 부분을 찾아보고,
시험을 이길 수 있는 적절한 말씀을 평소에 암송하기.

2. 요절 암송: 누가복음 4장: 4, 8, 12절

4절 예수께서 대답하시되/ 기록된바 사람이 떡으로만 살 것이 아니라 하였느니라.

8절 예수께서 대답하여 이르시되/ 기록된 바 주 너의 하나님께 경배하고/ 다만 그를 섬기라 하였느니라.

12절 예수께서 대답하여 이르시되/ 주 너의 하나님을 시험하지 말라 하였느니라.

3. 기도하기

1) 기도 제목을 서로 나누어요.

2) 서로 나눈 기도 제목과 오늘 배운 것을 순종하기 위해 기도해요.

재앙과 기회 부록

인도의 선교사 메리 리드는 문둥병 환자들의 불쌍한 운명을 잊을 수가 없어서 비참한 생각에 시달리고 있었습니다. 당시 문둥병 환자를 구제하는 방도는 무엇 하나 시행되고 있지 않았습니다.

그러던 중 그녀도 원인을 알 수 없는 질병에 걸리게 되었습니다. 고원 주둔소의 병원에서 치료하였으나 효과는 없었습니다. 이윽고 본국으로 송환되었으나 여전히 병명을 알아내지 못하고 있었습니다. 손가락 하나가 감각을 잃고, 얼굴에 반점 하나가 생기더니 사라지지 않았습니다. 드디어 의사가 그 질병의 정체를 알아냈습니다. 바로 그녀 자신이 문둥병에 걸린 것입니다. 이 사실이 본인에게 알려졌습니다. 그때 메리의 반응은 어떠했을까요? 리드는 무릎을 꿇고 자신을 문둥병 환자가 되게 하신 하나님께 감사했습니다. 그로 인해 마음을 아프게 해왔던 문둥병 환자들과 이제야 함께 생활할 수 있게 되었기 때문입니다.

메리 리드는 인도로 돌아갔습니다. 그로부터 몇 해 동안, 자신도 환자로서 문둥병 환자들 사이에서 일하고, 그들에게 건강과 희망을 주는 도움을 주었습니다. 리드는 재난이라고 생각되는 일에 감사했습니다. 그 불행 속에서 무한한 기회를 발견하였기 때문입니다.

제3과 예수님의 첫 번째 기적

주께 향하기

1. 기도하기

2. 일상생활 나누기: 우리 삶의 마음속 이야기를 나누어요.

3. 본문 살펴보기

무엇일까요?

※ 흥미, 관심(퀴즈)
-두 글자입니다
-예수님이 하신 일입니다.
-가나 혼인 잔치에서 처음으로 보여주셨습니다.
-사람들은 이것을 보고 예수님을 따랐습니다.

표적

1) 성경 내용을 소개하기: 인도자가 본문 전체의 줄거리를 간단하게 설명해요.
2) 성경 읽기: 요한복음 2장 1-12절, 3회 읽어요.
교독(인도자, 참가자) → 혼자 읽기(중요하거나 감동 주는 낱말, 문장 줄긋기)
3)중요한 낱말을 찾아 빙고 놀이하기

갈릴리 가나	혼례	포도주
어머니	물을 채우라	연회장
좋은 포도주	표적	영광

4) 중요한 문장을 찾기

요한복음 2장 5, 11절

주께 배우기

번호	질문	답
1	혼인 잔치에 무엇이 부족 했나요?	포도주
2	포도주가 떨어지자 마리아는 어떻게 했나요?	예수님께 포도주가 없다고 함
3	마리아는 하인들에게 뭐라 하였나요?	무슨 말씀을 하든지 그대로 하라고 함
4	예수님의 첫 표적을 본 제자들의 반응은?	예수님을 믿음

2. 본문 공감을 위한 질문

1) 본문에 나오는 인물이나 사건 등에 대한 생각이나 느낌을 묻는 질문을 만들어요.
2) 여러 질문 중에 한 질문을 선택해 생각이나 느낌을 쓰고 다 같이 나눠요.

번호	질문
1	혼례에 포도주가 떨어졌을 때 마리아는 무슨 생각을 했을까요?
2	예수님께 포도주가 떨어졌다고 마리아가 말할 때 예수님은 어떤 생각을 했을까요?
3	하인들은 예수님이 항아리에 물을 채우라하고 그물을 떠서 갖다 주라 하셨을 때 어떤 생각을 했을까?
4	예수님께서 물을 포도주로 만든 것을 본 제자들의 마음은 어땠을까?
선택 질문 번호	**생각, 느낌**
4	예수님이 하나님의 아들이심을 믿고 구세주라 생각을 하고 있었지만 어쩌면 확신이 부족했을 수도 있다. 그런데 예수님께서 물로 포도주를 만든 것을 보고 확실히 믿고 신뢰하게 되었을 것 같다.

3. 본문 참여를 위한 질문

1) 성경 본문 내용 속에 참여해 보아요.
2) 내가 성경 속 사건을 만났거나 성경 속 인물이라면 어땠을지 만약에 라는 질문을 만들어 의견을 써 보아요.
3) 만든 질문의 의견을 보고 또 질문을 만드는 꼬리에 꼬리를 무는 질문을 만들어요.
4) 질문과 의견을 서로 나누어요.

Q1	만약에 내가 혼인잔치 집의 하인이었다면 예수님의 말씀에 어떤 반응을 했을까?
의견	마리아가 예수님이 무슨 말을 하든지 그대로 하라고 했지만 물을 항아리에 채우라 해서 그것을 떠다 연회장에 갖다 주라 했을 때 어떻게 물을 갖다 줄까 걱정이 되어서 냄새를 맡다가 깜짝 놀랐을 것이다.
Q2	기적을 일으키신 예수님을 보고 나라면 어떻게 했을까?
의견	저분은 어떤 분이시기에 이런 기적을 일으키실까 놀라서 사람들에게 물이 포도주로 변한 이야기를 전하고 호들갑을 떨었을 것이다.
Q3	나는 기적을 일으키신 예수님께 어떤 반응을 보일까?
의견	예수님이 보통 사람이 아니라는 생각을 할 것이다. 놀라운 능력을 가지신 분이시기에 가까이 하면서 예수님에 대해 더 자세히 알고 싶어 할 것이며 따르는 사람이 많아질 것이다.

주 따르기

1. 본문을 적용하기

1) 본문에서 배운 것을 설명해 보아요.

(1) 본문에서 배운 말씀을 적어본다.

(2) 돌아가며 한 문장씩 말하거나 본문 말씀 전체의 줄거리를 말한다.

2) 본문에서 배운 것을 삶에서 순종해요.

(1) 크고 작은 질병을 고쳐주심 감사

(2) 도움이 필요할 때 예수님께 도우심 구하기

(3) 부모님께 순종하기

2. 요절 암송: 요한복음 2장 11절

예수께서 이 첫 표적을/ 갈릴리 가나에서 행하여/ 그의 영광을 나타내시매/ 제자들이 그를 믿으니라

3. 기도하기

1) 기도 제목을 서로 나누어요.

2) 서로 나눈 기도 제목과 오늘 배운 것을 순종하기 위해 기도해요.

제4과 성전에서 화를 내신 예수님

주께 향하기

1. 기도하기

2. 일상생활 나누기: 우리 삶의 마음속 이야기를 나누어요.

3. 본문 살펴보기

1) 성경 내용을 소개하기: 인도자가 본문 전체의 줄거리를 간단하게 설명해요.
2) 성경 읽기: 요한복음 2장 13-22절, 3회 읽어요.
   교독(인도자, 참가자) → 혼자 읽기(중요하거나 감동 주는 낱말, 문장 줄긋기)
3) 중요한 낱말을 찾아보기

   유월절, 예루살렘, 돈 바꾸는 사람, 채찍, 성전, 아버지 집, 장사하는 집,
   사모하는 열심, 표적, 사흘, 사십육 년, 육체, 성경, 살아나신 후, 제자

4) 중요한 문장을 찾기

   요한복음 2장 16절, 19절, 22절

주께 배우기

1. 본문 이해를 위한 질문

1) 본문의 내용을 이해하기 위해 본문을 보고 사실 질문을 만들어요.
2) 본문에서 답을 찾아요.

※ 이 과의 이해를 위한 질문은 다음과 같이 게임으로 해요.

① A4용지 한 장을 접어 쪽지 8장을 만든다. 각 사람에게 4장의 쪽지를 나눠준다.
② 본문 성경을 보고 쪽지에 질문과 답을 적는다.
③ 쪽지를 모두 모아 가운데에 엎어놓고 순서를 정해 쪽지를 한 장씩 가져와 문제를 읽는다.
④ 문제를 듣고 답을 맞힌 사람이 쪽지를 가져간다.
   동시에 맞히면 가위바위보 해서 이긴 사람이 가져갈지 줄지 결정한다.
⑤ 문제의 정답을 모두 모를 경우에는 문제를 읽은 사람이 답을 말하고 가져간다.

성전에서 예수님은 무엇을 보았나요? (소와 양과 비둘기를 파는 사람들과 돈을 바꾸는 사람들)	비둘기파는 사람들에게 뭐라 하셨나요? (이것을 여기서 가져가라 내 아버지의 집으로 장사하는 집을 만들지 말라)
예수님은 성전을 보이는 것이 아닌 무엇을 가리켜 말씀하셨나요? (예수님의 육체)	유대인이 무슨 표적을 보이겠냐고 물을 때 뭐라 하셨나요? (너희가 이 성전을 헐라 내가 사흘 동안에 일으키리라)
예수님이 성전에서 하신 일을 보시고 제자들은 무엇을 떠올렸나요? (제자들이 성경 말씀에 주의 전을 사모하는 열심이 나를 삼키리라 한 것)	성전 안에서 소와 양과 비둘기파는 사람들과 돈 바꾸는 사람들이 앉아 있는 것을 보시고 어떻게 하셨나요? (노끈으로 채찍을 만드사 양이나 소를 다 성전에서 내쫓으시고 돈 바꾸는 사람들의 돈을 쏟으시며 상을 엎으심)

2. 본문 공감을 위한 질문

1) 본문에 나오는 인물이나 사건 등에 대한 생각이나 느낌을 묻는 질문을 만들어요.
2) 여러 질문 중에 한 질문을 선택해 생각이나 느낌을 쓰고 다 같이 나눠요.

번호	질문
1	예수님은 성전 안에서 소와 양과 비둘기파는 사람들과 돈 바꾸는 사람들이 앉아 있는 것을 보시고 마음이 어떠셨을까요?
2	노끈으로 채찍을 만들어 양이나 소를 다 성전에서 내쫓으시고 돈 바꾸는 사람들의 돈을 쏟으시며 상을 엎으시는 모습을 볼 때 제자들의 마음은 어땠을까요?
3	주의 전을 사모하는 열심히 나를 삼키리라 하는 뜻이 무엇일까?
선택 질문 번호	**생각, 느낌**
1	성전의 모습이 예배에서 장사로 바뀐 것을 보시고 예수님께서는 분노하셨다. 물건을 팔고 사고, 돈을 바꾸는 것을 보시고 참으실 수 없을 만큼 마음이 아프셨을 것이다.

3. 본문 참여를 위한 질문

1) 성경 본문 내용 속에 참여해 보아요.
2) 내가 성경 속 사건을 만났거나 성경 속 인물이라면 어땠을지 만약에 라는 질문을 만들어 의견을 써 보아요.
3) 만든 질문의 의견을 보고 또 질문을 만드는 꼬리에 꼬리를 무는 질문을 만들어요.
4) 질문과 의견을 서로 나누어요.

Q1	만약에 내가 성전에서 소, 양, 비둘기를 파는 사람과 돈 바꾸는 사람을 보면 어떤 마음이 들까?
의견	거룩한 성전에서 이익을 위해 장사하는 모습을 보고 엄청 속상하고 화가 났을 것이다.
Q2	내가 개인적인 유익을 위해 신앙생활을 한다면 예수님은 어떻게 하실까?
의견	성전에서 장사하는 사람들에게 화를 내신 것처럼 화를 내시고 무척 마음 아파하실 것이다.
Q3	어떻게 하면 정결하게 하나님을 사랑하고 섬길 수 있을까?
의견	우리를 사랑하사 우리의 죄를 사하시려고 십자가에 돌아가신 예수님의 사랑에 감사하고 예수님의 십자가의 사랑을 사람들에게 전하고 주님과 동행하는 삶을 사는 것

주 따르기

1. 본문을 적용하기

1) 본문에서 배운 것을 설명해 보아요.

(1) 본문에서 배운 말씀을 적어본다.

(2) 돌아가며 한 문장씩 말하거나 본문 말씀 전체의 줄거리를 말한다.

2) 본문에서 배운 것을 삶에서 순종해요.

(1) 신앙이란 이름으로 나의 유익을 취하려 했는지 나를 돌아보기

(2) 교회 속에서 나만의 유익을 위한 장사를 하지 않기

2. 요절 암송: 요한복음 2장 19절

예수께서 대답하여 이르시되/ 너희가 이 성전을 헐라/ 내가 사흘 동안에 일으키리라

3. 기도하기

1) 기도 제목을 서로 나누어요.

2) 서로 나눈 기도 제목과 오늘 배운 것을 순종하기 위해 기도해요.

요절 외우기 Tip

포스트잇에 요절을 적어 잘 보이는 곳에 두고 외운다. 포스트잇에 쓴 요절을 스마트폰으로 사진 찍어 sns등에 올려 수시로 보고 외운다. 문장 전체를 한꺼번에 외우기보다 끊어서(/) 반복하여 외우고, 오감을 활용하여 상상하며 외우면 쉽고 오래 기억이 남는다.

제5과 중풍병자를 고치신 예수님

주께 향하기

1. 기도하기

2. 일상생활 나누기: 우리 삶의 마음속 이야기를 나누어요.

3. 본문 살펴보기

1) 성경 내용을 소개하기: 인도자가 본문 전체의 줄거리를 간단하게 설명해요.
2) 성경 읽기: 누가복음 5장 17-26절, 3회 읽어요.
   교독(인도자, 참가자) → 혼자 읽기(중요하거나 감동 주는 낱말, 문장 줄긋기)
3) 중요한 낱말을 찾아보기

바리새인, 율법교사, 중풍병자, 죄 사함, 신성 모독, 인자, 권세, 영광, 두려워하여, 놀라운 일

4) 중요한 문장을 찾기

누가복음 5장 20절, 24절

주께 배우기

1. 본문 이해를 위한 질문

1) 본문의 내용을 이해하기 위해 본문을 보고 사실 질문을 만들어요.
2) 본문에서 답을 찾아요.

번호	질문	답
1	중풍병자는 어떻게 예수님께 왔나요?	사람들이 침상에 메고 왔음
2	어떻게 예수님 앞으로 왔나요?	지붕에 올라가서 기와를 벗기고 병자를 침상째 무리 가운데로 예수 앞에 달아 내림

3	예수님의 그들의 믿음을 보시고 무엇이라 하셨나요?	이 사람아 네 죄 사함을 받았느니라.
4	이 사람아 네 죄 사함을 받았느니라 는 말을 듣고 서기관과 바리새인 들은 예수님이 무슨 죄를 지었다고 생각했나요?	신성 모독하는 죄
5	예수님은 중풍병자에게 뭐라 하셨나요?	일어나 네 침상을 가지고 집으로 가라
6	중풍병자를 고치심을 보고 모든 사람들은 어떤 반응을 보였나요?	모든 사람이 놀라 하나님께 영광을 돌리며 심히 두려워하여 이르되 오늘 우리가 놀라운 일을 보았다

2. 본문 공감을 위한 질문

1) 본문에 나오는 인물이나 사건 등에 대한 생각이나 느낌을 묻는 질문을 만들어요.
2) 여러 질문 중에 한 질문을 선택해 생각이나 느낌을 쓰고 다 같이 나눠요.

번호	질문
1	지붕에 올라가서 기와를 벗기고 병자를 침상 째 무리 가운데로 예수님 앞에 달아 내리는 것을 보신 예수님의 마음은 어떠셨을까?
2	예수님께서 죄 사함을 받았다는 말씀을 할 때 서기관과 바리새인들은 어떤 생각을 했나요?
3	중병자의 죄를 용서해 주시고 병을 고쳐주셨을 때 중풍병자의 마음은 어땠을까?
4	중풍병자의 죄를 사해주시고 중풍병자가 일어나 걸어가는 것을 본 사람들의 마음은 어땠을까?

선택 질문 번호	생각, 느낌
4	죄 사함의 권세를 가지신 것 보니 우리의 구주이심이 확실하다는 생각을 했을 것 같다. 누워있던 중풍병자를 일어나 걷게 하신 놀라운 예수님의 능력을 보고 하나님께 영광을 돌리고 주님을 믿고 따르고 싶었을 것이다. 굉장한 사건 앞에 심히 두렵고 떨리기도 했을 것이다.

3. 본문 참여를 위한 질문

1) 성경 본문 내용 속에 참여해 보아요.
2) 내가 성경 속 사건을 만났거나 성경 속 인물이라면 어땠을지 만약에 라는 질문을 만들어 의견을 써 보아요.
3) 만든 질문의 의견을 보고 또 질문을 만드는 꼬리에 꼬리를 무는 질문을 만들어요.
4) 질문과 의견을 서로 나누어요.

Q1	만약에 내가 중풍병자의 친구라면 어떻게 했을까?
의견	중풍병자를 데리고 예수님께 갈 엄두는 내지 못하면서 예수님은 고칠 수 있다던데 하면서 안타까워만 했을 것 같다.
Q2	어떻게 하면 중풍병자들의 친구들처럼 어려운 친구를 적극적으로 도울 수 있을까?
의견	내 이웃을 내 몸처럼 사랑하는 마음을 가질 때에만 중풍병자의 친구들과 같은 일을 할 수 있을 것이다. 이웃에 대해 좀 더 관심을 가지고 힘든 이웃을 보면 적극적으로 돕는 예수 사랑을 실천하는 믿음을 있어야 하겠다.
Q3	친구를 위해 할 수 있는 최상의 선물은 무엇일까?
의견	예수님이 죄를 사해주시는 구세주이심을 친구에게 소개하는 것

주 따르기

1. 본문을 적용하기

1) 본문에서 배운 것을 설명해 보아요.

(1) 본문에서 배운 말씀을 적어본다.

(2) 돌아가며 한 문장씩 말하거나 본문 말씀 전체의 줄거리를 말한다.

2) 본문에서 배운 것을 삶에서 순종해요.

(1) 죄를 사하시는 권세를 가지신 예수께 나의 죄 사함을 감사하기

(2) 친구에게 예수님 소개하기

2. 요절 암송: 누가복음 5장 20절

예수께서 그들의 믿음을 보시고 이르시되/ 이 사람아 네 죄 사함을 받았느니라 하시니

3. 기도하기

1) 기도 제목을 서로 나누어요.

2) 서로 나눈 기도 제목과 오늘 배운 것을 순종하기 위해 기도해요.

제6과 세리 마태를 부르신 예수님

주께 향하기

1. 기도하기

2. 일상생활 나누기: 우리 삶의 마음속 이야기를 나누어요.

3. 본문 살펴보기

1) 성경 내용을 소개하기: 인도자가 본문 전체의 줄거리를 간단하게 설명해요.
2) 성경 읽기: 마태복음 9장 9-13절, 3회 읽어요.
교독(인도자, 참가자) → 혼자 읽기(중요하거나 감동 주는 낱말, 문장 줄긋기)
3) 중요한 낱말을 찾아 빙고 놀이하기

마태	세관	의인
죄인	제자	건강한 자
병든 자	긍휼	제사

4) 중요한 문장을 찾기

마태복음 9장 12절, 13절

주께 배우기

1. 본문 이해를 위한 질문

1) 본문의 내용을 이해하기 위해 본문을 보고 사실 질문을 만들어요.
2) 본문에서 답을 찾아요.

※ 이 과의 이해를 위한 질문은 다음과 같이 게임으로 해요.

① A4용지 한 장을 접어 쪽지 8장을 만든다. 각 사람에게 4장의 쪽지를 나눠준다.
② 본문 성경을 보고 쪽지에 질문과 답을 적는다.
③ 쪽지를 모두 모아 가운데에 엎어놓고 순서를 정해 쪽지를 한 장씩 가져와 문제를 읽는다.
④ 문제를 듣고 답을 맞힌 사람이 쪽지를 가져간다.
동시에 맞히면 가위바위보 해서 이긴 사람이 가져갈지 줄지 결정한다.
⑤ 문제의 정답을 모두 모를 경우에는 문제를 읽은 사람이 답을 말하고 가져간다.

질문	답
세관에 앉은 마태를 보시고 무슨 말씀을 하셨나요?	나를 따르라
마태 집에 같이 음식을 먹은 사람들은 어떤 사람들이었나요?	많은 세리와 죄인들, 예수님과 그의 제자들
예수님은 누구에게 의사가 필요하다 하셨나요?	병든 자
예수님은 제사가 아닌 무엇을 원한다고 하셨나요?	긍휼

2. 본문 공감을 위한 질문

1) 본문을 읽고 생각이나 느낌을 질문하세요.
2) 마태에게 질문하기

(1) 예수님께서 나를 따르라 하실 때 마음이 어떠셨나요?
(2) 집에 예수님과 사람들을 초대하여 음식을 먹을 때 기분이 궁금해요?
(3) 바리새인들이 너희 선생은 세리와 죄인들과 함께 먹느냐고 물을 때 마음이 어떠셨나요?
(4) 예수님께서 병든 자에게 의사가 필요하듯 죄인을 부르러 왔다는 말씀을 하실 때 어떤 감동이 있으셨나요?

Q1	만약에 예수님이 의인만 부르러 왔다면 어떻게 되었을까?
의견	아무도 천국에 갈 수 없었을 것이다.
Q2	왜 예수님은 죄인을 부르러 오셨을까?
의견	이 세상에는 의인이 한 사람도 없다. 예수님이 죄인을 부르러 오셨기에 우리도 예수님을 믿고 죄 용서를 받고 구원의 은총을 받게 된 것이다.
Q3	예수님이 이 땅에 우리를 위해 오시지 않았다면 어떻게 되었을까?
의견	우리는 죄와 사망의 권세를 이기지 못하고 죄의 종으로 살면서 죄를 짓고 고통 속에서 지옥 같은 삶을 살다 지옥으로 갈 수밖에 없었을 것이다.

주 따르기

1. 본문을 적용하기

1) 본문에서 배운 것을 설명해 보아요.

(1) 본문에서 배운 말씀을 적어본다.

(2) 돌아가며 한 문장씩 말하거나 본문 말씀 전체의 줄거리를 말한다.

2) 본문에서 배운 것을 삶에서 순종해요.

(1) 나를 따라 오라는 예수님의 부름에 순종하기

(2) 소외된 사람들에게 예수님 소개하기

2. 요절 암송: 마태복음 9장 13절

너희는 가서/ 내가 긍휼을 원하고/ 제사를 원하지 아니하노라/ 하신 뜻이 무엇인지 배우라/

나는 의인을 부르러 온 것이 아니요/ 죄인을 부르러 왔노라 하시니라

3. 기도하기

1) 기도 제목을 서로 나누어요.

2) 서로 나눈 기도 제목과 오늘 배운 것을 순종하기 위해 기도해요.

요절 외우기 Tip

포스트잇에 요절을 적어 잘 보이는 곳에 두고 외운다. 포스트잇에 쓴 요절을 스마트폰으로 사진 찍어 sns등에 올려 수시로 보고 외운다. 문장 전체를 한꺼번에 외우기보다 끊어서(/) 반복하여 외우고, 오감을 활용하여 상상하며 외우면 쉽고 오래 기억이 남는다.

제7과 잠잠하게 하신 예수님

주께 향하기

1. 기도하기

2. 일상생활 나누기: 우리 삶의 마음속 이야기를 나누어요.

3. 본문 살펴보기

1) 성경 내용을 소개하기: 인도자가 본문 전체의 줄거리를 간단하게 설명해요.
2) 성경 읽기: 누가복음 8장 22-25절, 3회 읽어요.
   교독(인도자, 참가자) → 혼자 읽기(중요하거나 감동 주는 낱말, 문장 줄긋기)
3) 중요한 낱말을 찾아보기

   제자, 예수, 잠, 광풍, 바람과 물결, 잠잠, 꾸짖으시니, 믿음, 명령, 순종

4) 중요한 문장을 찾기

   누가복음 8장 25절

주께 배우기

1. 본문 이해를 위한 질문

1) 본문의 내용을 이해하기 위해 본문을 보고 사실 질문을 만들어요.
2) 본문에서 답을 찾아요.

번호	질문	답
1	예수님과 제자들은 배를 타고 어디로 가고 있나요?	호수 저편
2	광풍이 불고 배에 물이 찰 때 예수님은 무엇을 하셨나요?	주무셨음
3	광풍이 불고 배에 물이 찰 때 제자들은 어떻게 했나요?	우리가 죽겠다고 함

4	예수님께서 잠에서 깨셔서 무엇을 하셨나요?	바람과 물결을 꾸짖으심
5	예수님이 바람과 물결을 꾸짖으시니 어떻게 되었나요?	바람이 그치고 물결이 잔잔해짐
6	두려워하며 예수님을 깨우던 제자들에게 예수님께서 무어라 하셨나요?	너희 믿음이 어디 있느냐?

2. 본문 공감을 위한 질문

1) 본문에 나오는 인물이나 사건 등에 대한 생각이나 느낌을 묻는 질문을 만들어요.
2) 여러 질문 중에 한 질문을 선택해 생각이나 느낌을 쓰고 다 같이 나눠요.

번호	질문
1	광풍이 불고 배에 물이 찰 때 제자들의 마음은 어땠나요?
2	광풍이 불고 배에 물이 찰 때 예수님이 주무시는 모습을 본 제자들의 마음은 어땠을까?
3	광풍을 무서워하는 제자들의 모습을 본 예수님의 마음은 어땠을까?
4	바람과 물결을 꾸짖어 잔잔하게 하시는 예수님을 보고 제자들은 어떤 생각을 했을까?
선택 질문 번호	**생각, 느낌**
4	어떻게 바람과 물결이 예수님 말씀을 듣고 순종할까? 예수님은 이 세상 모든 것을 다스리시다니 정말 놀랍다. 걱정하며 죽을까 봐 난리를 쳤던 자신들이 부끄러웠을 것 같다.

3. 본문 참여를 위한 질문

1) 성경 본문 내용 속에 참여해 보아요.
2) 내가 성경 속 사건을 만났거나 성경 속 인물이라면 어땠을지 만약에 라는 질문을 만들어 의견을 써 보아요.
3) 만든 질문의 의견을 보고 또 질문을 만드는 꼬리에 꼬리를 무는 질문을 만들어요.
4) 질문과 의견을 서로 나누어요.

Q1	만약에 내가 광풍을 만난 배에 있었다면 어떻게 했을까?
의견	제자들처럼 벌벌 떨면서 두려워하고 호들갑을 떨면서 예수님께 도움을 청했을 것이다.
Q2	어떻게 하면 우리도 예수님처럼 어떤 상황에서도 흔들리지 않는 믿음을 가질 수 있을까?
의견	온 세상의 창조주요 주인이신 예수님 안에 있으면 아무런 걱정 근심을 하지 않고, 어떤 일을 만나도 흔들리지 않는 믿음을 가질 수 있을 것이다.
Q3	왜 우리는 예수님을 믿는다고 하면서도 걱정 근심하고 고통당하며 힘들게 살까?
의견	우리가 예수를 믿고 구원은 받았으나 완전한 구원은 예수님 재림 후에 이루어질 것이기 때문이다. 그러나 얼마나 온전하게 전적으로 주님을 신뢰하느냐에 따라 사는 날 동안 평안, 감사, 기쁨, 은혜 충만을 누리게 될 것이다.

주 따르기

1. 본문을 적용하기

1) 본문에서 배운 것을 설명해 보아요.
(1) 본문에서 배운 말씀을 적어본다.

(2) 돌아가며 한 문장씩 말하거나 본문 말씀 전체의 줄거리를 말한다.

2) 본문에서 배운 것을 삶에서 순종해요.

(1) 어렵고 도무지 앞이 보이지 않을 때 예수님께 도움을 구하기(기도)

(2) 인생이라는 배가 파선할 것 같은 상황에서도 주님을 믿고 두려워하지 않기

2. 요절 암송: 누가복음 8장 25절

제자들에게 이르시되/ 너희 믿음이 어디 있느냐 하시니/ 그들이 두려워하고 놀랍게 여겨/ 서로 말하되/ 그가 누구이기에/ 바람과 물을 명하매 순종하는가 하더라

3. 기도하기

1) 기도 제목을 서로 나누어요.

2) 서로 나눈 기도 제목과 오늘 배운 것을 순종하기 위해 기도해요.

요절 외우기 Tip

포스트잇에 요절을 적어 잘 보이는 곳에 두고 외운다. 포스트잇에 쓴 요절을 스마트폰으로 사진 찍어 sns등에 올려 수시로 보고 외운다. 문장 전체를 한꺼번에 외우기보다 끊어서(/) 반복하여 외우고, 오감을 활용하여 상상하며 외우면 쉽고 오래 기억이 남는다.

제8과 야이로와 겉옷을 만진 여인

주께 향하기

1. 기도하기

2. 일상생활 나누기: 우리 삶의 마음속 이야기를 나누어요.

3. 본문 살펴보기

1) 성경 내용을 소개하기: 인도자가 본문 전체의 줄거리를 간단하게 설명해요.
2) 성경 읽기: 마가복음 5장 21-43절, 2회 읽어요.
교독(인도자, 참가자) → 혼자 읽기(중요하거나 감동 주는 낱말, 문장 줄긋기)
3) 역할을 정해 실감 나게 읽어요.

야이로: (예수님 발아래 엎드리며)주여, 제 어린 딸이 죽게 되었사오니 오셔서 살려주소서!
예수님: 함께 가자
혈루증 여인: (옷에 손을 대어도 구원을 받으리라 생각하며 예수님 뒤에서 옷에 손을 댐)
혈루증 여인: 아! 내가 나았구나!
예수님: 누가 내 옷에 손을 대었느냐?
제자들: 무리가 많은데 누가 옷에 손을 대었는지 물으시나이까?
예수님: (옷을 만진 여인을 보려고 둘러보심)
혈루증 여인: (두려워 떨면서)12년 동안 혈루증을 고치려고 했지만 고치지 못했습니다.
지금 더 병이 심해진 상태입니다. 예수님의 옷자락에라도 손을 대면
구원을 받겠다는 믿음으로 옷을 만졌습니다.
예수님: 딸아 네 믿음이 너를 구원하였으니 평안히 가라 네 병에서 놓여 건강할 지어다.
혈루증 여인: 주여! 감사합니다.
회당장 집의 사람: (회당장에게)당신의 딸이 죽었나이다. 어찌하여 선생을 더 괴롭게 하나이까?
예수님: (회당장 야이로에게)두려워하지 말고 믿기만 하라.
예수님: 너희가 어찌하여 떠들며 우느냐 이 아이가 죽은 것이 아니라 잔다.
사람들: 흥~~~(비웃음)
예수님: (아이의 손을 잡고)달리다굼!
소녀: (일어나 걸음)
사람들: 와~! (놀람)
예수님: 아무도 알지 못하게 하라. 소녀에게 먹을 것을 주라.

주께 배우기

1. 본문 이해를 위한 질문

1) 본문의 내용을 이해하기 위해 본문을 보고 사실 질문을 만들어요.
2) 본문에서 답을 찾아요.
※ 이 과의 이해를 위한 질문은 다음과 같이 게임으로 해요.
① A4용지 한 장을 접어 쪽지 8장을 만든다. 각 사람에게 4장의 쪽지를 나눠준다.
② 본문 성경을 보고 쪽지에 질문과 답을 적는다.
③ 쪽지를 모두 모아 가운데에 엎어놓고 순서를 정해 쪽지를 한 장씩 가져와 문제를 읽는다.
④ 문제를 듣고 답을 맞힌 사람이 쪽지를 가져간다.
동시에 맞히면 가위바위보 해서 이긴 사람이 가져갈지 줄지 결정한다.
⑤ 문제의 정답을 모두 모를 경우에는 문제를 읽은 사람이 답을 말하고 가져간다.

질문	답
어린 딸을 살려 달라고 발아래 엎드려 간곡히 구한 사람은 누구인가요?	(회당장 야이로)
예수님 옷자락을 만지고 병을 고친 사람은 누구인가요?	(혈루증을 가진 여인)
여자가 자기에게 이루어진 일을 알고 두려워하여 떨며 와서 그 앞에 엎드려 모든 사실을 여쭈니 예수님께서 뭐라고 하셨나요?	(딸아 네 믿음이 너를 구원하였으니 평안히 가라 네 병에서 놓여 건강할 지어다)
돌들에게 명하여 떡이 되게 하라 할 때 뭐라 하셨나요?	(기록된바 사람이 떡으로만 살 것이 아니니라 하였느니라)

2. 본문 공감을 위한 질문

1) 본문에 나오는 인물이나 사건 등에 대한 생각이나 느낌을 묻는 질문을 만들어요.
2) 여러 질문 중에 한 질문을 선택해 생각이나 느낌을 쓰고 다 같이 나눠요.

번호	질문
1	큰 무리들이 예수님 주변에 모였는데 무슨 생각으로 그곳에 왔을까?
2	야이로 회당장은 예수님을 어떻게 생각했을까?
3	예수님이 누가 내 옷에 손을 대었느냐 하실 때 혈루증 여인의 마음은 어땠을까?
4	예수님께서 딸을 살려주셨을 때 야이로의 마음은 어땠을까?
선택 질문 번호	생각, 느낌
3	정말 감격적인 감동을 받았을 것이다. 12년 동안 많은 고통을 당하고 고치지 못했는데 예수님 옷자락에 손을 댄 것으로 고쳐주셔서 놀랍고 감사했을 것 같다. 예수님 앞에 모든 것을 다 드리고 싶었을 것이고 예수님을 위해서 살고 싶었을 것이다.

3. 본문 참여를 위한 질문

1) 성경 본문 내용 속에 참여해 보아요.
2) 내가 성경 속 사건을 만났거나 성경 속 인물이라면 어땠을지 만약에 라는 질문을 만들어 의견을 써 보아요.
3) 만든 질문의 의견을 보고 또 질문을 만드는 꼬리에 꼬리를 무는 질문을 만들어요.
4) 질문과 의견을 서로 나누어요.

Q1	만약에 내가 혈루증 여인이라면 어떻게 했을까?
의견	용기가 없어서 예수님께 가까이 가지 못하여 평생 병을 고치지 못하고 불행하게 살다 죽었을 것이다.
Q2	병을 고쳐 행복하게 살 수 있는 방법은 무엇인가요?
의견	예수님이 자신의 병을 고쳐주시리라는 확실한 믿음을 갖는 것이다.
Q3	예수님을 확실히 믿는 방법은 무엇인가요?
의견	예수님만이 나를 고치실 분이심을 확실히 믿고 붙잡는 것.

주 따르기

1. 본문을 적용하기

1) 본문에서 배운 것을 설명해 보아요.

(1) 본문에서 배운 말씀을 적어본다.

(2) 돌아가며 한 문장씩 말하거나 본문 말씀 전체의 줄거리를 말한다.

2) 본문에서 배운 것을 삶에서 순종해요.

(1) 난치병과 같은 상황에서도 주님만을 의지하기.

(2) 어떤 상황에서도 주님을 의지하는 믿음을 갖기

2. 요절 암송: 마가복음 5장 34절

예수께서 이르시되/ 딸아 네 믿음이 너를 구원하였으니/ 평안히 가라/ 네 병에서 놓여 건강할지어다

3. 기도하기

1) 기도 제목을 서로 나누어요.

2) 서로 나눈 기도 제목과 오늘 배운 것을 순종하기 위해 기도해요.

제9과 선한 사마리아인 이야기

주께 향하기

1. 기도하기

2. 일상생활 나누기: 우리 삶의 마음속 이야기를 나누어요.

3. 본문 살펴보기

1) 성경 내용을 소개하기: 인도자가 본문 전체의 줄거리를 간단하게 설명해요.
2) 성경 읽기: 누가복음 10장 25-37절, 3회 읽어요.
교독(인도자, 참가자) → 혼자 읽기(중요하거나 감동 주는 낱말, 문장 줄긋기)
3) 중요한 낱말을 찾아보기

율법교사, 시험, 행하라, 내 이웃, 강도 만난 사람, 사마리아인, 자비, 이와 같이 하라

4) 중요한 문장을 찾기

누가복음 10장 37절

주께 배우기

1. 본문 이해를 위한 질문

1) 본문의 내용을 이해하기 위해 본문을 보고 사실 질문을 만들어요.
2) 본문에서 답을 찾아요.
※ 이 과의 이해를 위한 질문은 다음과 같이 게임으로 해요.
① A4용지 한 장을 접어 쪽지 8장을 만든다. 각 사람에게 4장의 쪽지를 나눠준다.
② 본문 성경을 보고 쪽지에 질문과 답을 적는다.
③ 쪽지를 모두 모아 가운데에 엎어놓고 순서를 정해 쪽지를 한 장씩 가져와 문제를 읽는다.
④ 문제를 듣고 답을 맞힌 사람이 쪽지를 가져간다.
동시에 맞히면 가위바위보 해서 이긴 사람이 가져갈지 줄지 결정한다.
⑤ 문제의 정답을 모두 모를 경우에는 문제를 읽은 사람이 답을 말하고 가져간다.

율법교사가 예수님을 시험하여 무엇을 물었나요? (선생님 내가 무엇을 하여야 영생을 얻으리이까?)	율법교사가 자기를 옳게 보이려고 예수께 무엇을 물었나요? (내 이웃이 누구니이까?)
강도만난 사람을 도와주지 않은 사람은 누구인가요? (제사장, 레위인)	강도 만난 자의 이웃이 된 자는 누구인가요? (사마리아 사람)

2. 본문 공감을 위한 질문

1) 본문에 나오는 인물이나 사건 등에 대한 생각이나 느낌을 묻는 질문을 만들어요.
2) 여러 질문 중에 한 질문을 선택해 생각이나 느낌을 쓰고 다 같이 나눠요.

번호	질문
1	율법교사가 예수님을 시험하여 영생하는 방법을 물을 때 예수님은 어떤 생각을 하셨을까?
2	제사장, 레위인은 강도만난 사람을 보며 무슨 생각을 했을까?
3	예수께서 이르시되 가서 너도 이와 같이 하라 하실 때 율법교사는 어떤 생각을 했을까?
선택 질문 번호	**생각, 느낌**
3	율법교사는 예수님을 시험하고 잘난 척 하며 영생을 어떻게 얻는지, 이웃이 누구인지 물었다. 예수님께서는 그의 태도를 아시면서도 자상하게 강도만난 사람의 예화를 들려주시며 이웃이 누구인지 가르쳐 주시고 이웃사랑을 어떻게 해야 하는지 가르쳐 주셨다. 율법교사는 교만하게 예수님을 시험했던 것을 부끄럽게 생각했을 것 같다.

3. 본문 참여를 위한 질문

1) 성경 본문 내용 속에 참여해 보아요.
2) 내가 성경 속 사건을 만났거나 성경 속 인물이라면 어땠을지 만약에 라는 질문을 만들어 의견을 써 보아요.
3) 만든 질문의 의견을 보고 또 질문을 만드는 꼬리에 꼬리를 무는 질문을 만들어요.
4) 질문과 의견을 서로 나누어요.

Q1	만약에 내가 강도에게 해를 당한 사람을 만난다면 어떻게 해야 할까?
의견	도와주는 것이 쉽지는 않겠지만 네 이웃을 네 자신 같이 사랑하라 하신 계명을 생각하여 강도에게 해를 당한 사람을 돕겠다.
Q2	만일 내가 강도를 만났는데 사람들이 도와주지 않는다면 어떻게 할까?
의견	어떻게 이 난관을 헤쳐 나가야 할지 먼저 하나님께 기도를 하고 지혜를 구한다. 지나가는 사람에게 더욱 간절히 도움을 구한다.
Q3	삶 속에서 도저히 내 힘으로 해결할 수 없는 어려움을 만날 때는 어떻게 해야 할까?
의견	내 힘으로 해결할 수 없는 문제가 생기면 하나님께 간절히 기도한다. 그리고 할 수 있는 만큼 최선을 다한다. 가장 가까운 사람에게 도움을 청한다.

주 따르기

1. 본문을 적용하기

1) 본문에서 배운 것을 설명해 보아요.
(1) 본문에서 배운 말씀을 적어본다.

(2) 돌아가며 한 문장씩 말하거나 본문 말씀 전체의 줄거리를 말한다.

2) 본문에서 배운 것을 삶에서 순종해요.

(1) 학교생활에 어려움을 겪는 어린이들을 돕는 것

(2) 물질로 어려운 선교사, 목회자 돕기

(3) 아픈 사람 방문하기

2. 요절 암송: 누가복음 10장 27절

대답하여 이르되/ 네 마음을 다하며/ 목숨을 다하며/ 힘을 다하며/ 뜻을 다하여/
주 너의 하나님을 사랑하고/ 또한 네 이웃을 네 자신 같이 사랑하라 하였나이다

3. 기도하기

1) 기도 제목을 서로 나누어요.

2) 서로 나눈 기도 제목과 오늘 배운 것을 순종하기 위해 기도해요.

제10과 실로암 샘물에서 씻어라

주께 향하기

1. 기도하기

2. 일상생활 나누기: 우리 삶의 마음속 이야기를 나누어요.

3. 본문 살펴보기

무엇일까요?

※ 흥미, 관심(퀴즈)
- 사람입니다.
- 부모님 얼굴을 모릅니다.
- 색깔을 볼 없습니다.
- 보이지 않아도 일상생활을 할 수 있습니다.
- 지팡이와 안내견이 도움을 줍니다.

맹인

1) 성경 내용을 소개하기: 인도자가 본문 전체의 줄거리를 간단하게 설명해요.
2) 성경 읽기: 요한복음 9장, 2회 읽어요.
교독(인도자, 참가자) → 혼자 읽기(중요하거나 감동 주는 낱말, 문장 줄긋기)

3) 중요한 낱말을 찾아보기

맹인, 죄, 부모의 죄, 세상의 빛, 실로암, 걸인, 바리새인, 진흙, 출교, 죄인, 눈을 뜨게 함

4) 중요한 문장을 찾기

요한복음 9장 31, 33, 39, 41절

주께 배우기

1. 본문 이해를 위한 질문

1) 본문의 내용을 이해하기 위해 본문을 보고 사실 질문을 만들어요.
2) 본문에서 답을 찾아요.

※ 이 과의 이해를 위한 질문은 다음과 같이 게임으로 해요.

① A4용지 한 장을 접어 쪽지 8장을 만든다. 각 사람에게 4장의 쪽지를 나눠준다.
② 본문 성경을 보고 쪽지에 질문과 답을 적는다.
③ 쪽지를 모두 모아 가운데에 엎어놓고 순서를 정해 쪽지를 한 장씩 가져와 문제를 읽는다.
④ 문제를 듣고 답을 맞힌 사람이 쪽지를 가져간다.
동시에 맞히면 가위바위보 해서 이긴 사람이 가져갈지 줄지 결정한다.
⑤ 문제의 정답을 모두 모를 경우에는 문제를 읽은 사람이 답을 말하고 가져간다.

제자들이 물어 이르되 랍비여 이 사람이 맹인으로 난 것이 무엇 때문인가 물을 때 예수님은 어떻게 대답하셨나요? (이 사람이나 그 부모의 죄로 인한 것이 아니라 그에게서 하나님이 하시는 일을 나타내고자 하심이다)	예수님은 어떻게 맹인을 고쳐 주셨나요? (땅에 침을 뱉어 진흙을 이겨 그의 눈에 바르시고 실로암 못에 가서 씻으라 하심)
예수께서 진흙을 이겨 눈을 뜨게 하신 날은 어떤 날이었나요? (안식일)	그 사람이 네 눈을 뜨게 하였으니 너는 그를 어떠한 사람이라 하느냐 물으니 뭐라 대답했나요? (선지자)
예수께서 이르시되 너희가 맹인이 되었더라면 죄가 없으려니와 본다고 하니 너희 죄가 어떻게 된다고 하셨나요? (죄가 그대로 있다)	유대인들이 누구든지 예수를 그리스도로 시인하는 자는 어떻게 하기로 했나요? (출교하기로 결의)

2. 본문 공감을 위한 질문

1) 본문에 나오는 인물이나 사건 등에 대한 생각이나 느낌을 묻는 질문을 만들어요.
2) 여러 질문 중에 한 질문을 선택해 생각이나 느낌을 쓰고 다 같이 나눠요.

번호	질문
1	예수님 당시 사람들은 맹인으로 태어난 것을 어떻게 생각했나요?
2	유대인은 안식일에 눈을 뜨게 했다고 예수님을 어떻게 생각했나요?
3	눈을 뜨게 된 맹인은 예수님을 어떻게 생각했나요?
4	눈뜬 맹인을 괴롭히는 유대인들을 예수님은 어떻게 생각했을까?
선택 질문 번호	생각, 느낌
4	하나님의 하시는 일을 알지 못하고 안식일을 지키는 것의 의미도 알지 못하여 예수님께서 안식일에 맹인을 보게 한 것을 책잡고 눈뜬 맹인을 괴롭히는 것이 마음이 아프셨을 것이다. 안식일에 일을 하는 것을 보니 하나님께로부터 오지 않았다는 이유로 예수를 그리스도라고 시인하는 사람들을 출교하는 자들을 보고 심히 마음이 아프셨을 것 같다. 예수님은 그들이 눈은 떴으나 맹인이라 하시며, 보지 못하면서도 본다고 하니 죄인들이라고 말씀하셨다

3. 본문 참여를 위한 질문

1) 성경 본문 내용 속에 참여해 보아요.
2) 내가 성경 속 사건을 만났거나 성경 속 인물이라면 어땠을지 만약에 라는 질문을 만들어 의견을 써 보아요.
3) 질문과 의견을 서로 나누어요.

Q1	만약에 내가 눈뜬 맹인이라면 어떻게 했을까?
의견	맹인으로 엄청 고생을 했는데 눈을 뜨게 해 주셨으니 얼마나 고마운가. 남들은 맹인이 된 것을 자신이나 부모의 죄 때문이라고 무시하고 죄인 취급을 해서 육체적인 고통은 물론 정신적인 고통이 컸을 텐데 눈을 뜨게 해 주셨으니 정말 감사했을 것이다. 유대인들은 안식일에 자기 눈을 뜨게 한 사람을 죄인이라고 했다. 그래서 예수님을 인정하면 유대교에서 출교를 당한다는 것을 알지만 어둠에서 해방시켜주고 죄인이라는 누명까지 벗게 해주신 예수님을 따르지 않을 수 없었을 것이다.

주 따르기

1. 본문을 적용하기

1) 본문에서 배운 것을 설명해 보아요.

(1) 본문에서 배운 말씀을 적어본다.

(2) 돌아가며 한 문장씩 말하거나 본문 말씀 전체의 줄거리를 말한다.

2) 본문에서 배운 것을 삶에서 순종해요.

(1) 신앙적인 편견을 찾아보고 고치기

(2) 내가 당한 환난은 죄 때문인지 아니면 하나님이 하실 일이 있어서 인지 확인하기

2. 요절 암송: 요한복음 9장 31절

하나님이 죄인의 말을 듣지 아니하시고/ 경건하여 그의 뜻대로 행하는 자의 말은/

들으시는 줄을 우리가 아나이다

3. 기도하기

1) 기도 제목을 서로 나누어요.

2) 서로 나눈 기도 제목과 오늘 배운 것을 순종하기 위해 기도해요.

제11과 두 아들의 아버지 이야기

주께 향하기

1. 기도하기

2. 일상생활 나누기: 우리 삶의 마음속 이야기를 나누어요.

3. 본문 살펴보기

1) 성경 내용을 소개하기: 인도자가 본문 전체의 줄거리를 간단하게 설명해요.
2) 성경 읽기: 누가복음 15장 11-32절, 1회 읽어요.
   교독(인도자, 참가자) → 혼자 읽기(중요하거나 감동 주는 낱말, 문장 줄긋기)
3) 역할을 정해 실감 나게 읽어요.

둘째아들: 아버지, 재산 중에서 내게 주실 유산을 주소서
아버지: 네가 원하니 너의 재산을 주겠다.
둘째아들: 아버님 고맙습니다. 재산을 가지고 먼 나라로 가야지.
나레이션: 마음껏 먹고 마시고 즐기자. 얼마 지나지 않아 그 나라에 흉년이 들고
둘째 아들은 궁핍하게 되어 돼지를 치게되었다. 너무 배가 고파 돼지가 먹는
쥐엄 열매로 배를 채우고자 하나 주는 자가 없어서 몹시 굶주리게 되었다.
둘째아들: 내 아버지에게는 양식이 풍족한 품꾼이 얼마나 많은가! 나는 여기서 굶주려 죽는구나!
아버지께로 가서 아버지, 내가 하늘과 아버지께 죄를 지었사오니 지금 부터는
아버지의 아들이라 일컬음을 감당하지 못하겠나이다. 나를 품꾼의 하나로 보소서 하리라.
둘째아들: (집을 향해 걸어옴)
아버지: (멀리서 오는 아들을 봄)달려가 목을 안고 입을 맞춤.
둘째아들: 아버지, 내가 하늘과 아버지께 죄를 지었사오니 지금부터는 아버지의 아들이라
일컬음을 감당하지 못하겠나이다.
아버지: 여봐라, 제일 좋은 옷을 내어다 입히고 손에 가락지를 끼우고 발에 신을 신기라.
그리고 살진 송아지를 잡으라. 우리가 먹고 즐기자. 이 내 아들은 죽었다가 다시 살아났으며,
내가 잃었다가 다시 얻었노라.
맏아들: (일터에서 돌아오다 큰아들은 풍악 소리와 춤추는 소리에 놀라 종을 불러 묻는다)
이 풍악과 춤추는 소리는 무엇인가?
종: 당신의 동생이 돌아왔으매 당신의 아버지가 건강한 그를 다시 맞아들이게 됨으로 인하여
살진 송아지를 잡았나이다.
맏아들: 뭐어, 뭐라고! (엄청 노하여 집에 들어가지 않음)
아버지: 아들아, 어서 집에 들어오너라.

맏아들: 내가 여러 해 아버지를 섬겨 명을 어김이 없었거늘 내게는 염소새끼라도 주어 나와 내 벗으로 즐기게 하신 일이 없더니 아버지의 살림을 창녀들과 함께 삼켜버린 아들이 돌아오매 살진 송아지를 잡으셨나이다.
아버지: 너는 항상 나와 함께 있으니 내 것이 다 네 것이로되 이 동생은 죽었다가 살아났으며 내가 잃었다가 얻었기로 우리가 즐거워하고 기뻐하는 것이 마땅하다.

3) 중요한 낱말을 찾아보기

두 아들, 분깃, 허랑 방탕, 궁핍, 풍족, 품꾼, 죄, 맏아들, 노,

4) 중요한 문장을 찾기

누가복음 15장 32절

주께 배우기

1. 본문 이해를 위한 질문

1) 본문의 내용을 이해하기 위해 본문을 보고 사실 질문을 만들어요.
2) 본문에서 답을 찾아요.
※ 이 과의 이해를 위한 질문은 다음과 같이 게임으로 해요.
① A4용지 한 장을 접어 쪽지 8장을 만든다. 각 사람에게 4장의 쪽지를 나눠준다.
② 본문 성경을 보고 쪽지에 질문과 답을 적는다.
③ 쪽지를 모두 모아 가운데에 엎어놓고 순서를 정해 쪽지를 한 장씩 가져와 문제를 읽는다.
④ 문제를 듣고 답을 맞힌 사람이 쪽지를 가져간다.
동시에 맞히면 가위바위보 해서 이긴 사람이 가져갈지 줄지 결정한다.
⑤ 문제의 정답을 모두 모를 경우에는 문제를 읽은 사람이 답을 말하고 가져간다.

둘째 아들이 돌아오자 아버지는 뭐라고 했나요? (종들에게 제일 좋은 옷을 내어다가 입히고 손에 가락지를 끼우고 발에 신을 신기라. 살진 송아지를 끌어다가 잡으라 우리가 먹고 즐기자)	둘째 아들을 위해 잔치를 벌인 아버지께 큰 아들이 뭐라고 했나요? (화를 내며 내가 여러 해 아버지를 섬겨 명을 어김이 없거늘 내게는 염소 새끼라도 주어 나와 내 벗으로 즐기게 하신 일이 없더니 아버지의 살림을 창녀들과 함께 삼켜 버린 이 아들이 돌아오매 이를 위하여 살진 송아지를 잡으셨나이다)

재산을 달라고 해 며칠이 안 되어 둘째 아들이 재물을 다 모아 가지고 먼 나라에 가 서 어떻게 했나요? (허랑방탕하여 그 재산을 낭비함)	재산을 탕진하고 돌아온 아들은 아버지께 뭐라고 했나요? (내가 하늘과 아버지께 죄를 지었사오니 지금부터는 아버지의 아들이 일컬음을 감당하지 못하겠나이다)

2. 본문 공감을 위한 질문

1) 본문에 나오는 인물이나 사건 등에 대한 생각이나 느낌을 묻는 질문을 만들어요.
2) 여러 질문 중에 한 질문을 선택해 생각이나 느낌을 쓰고 다 같이 나눠요.

번호	질문
1	자기 유산을 달라는 아들의 요구를 들을 때 아버지 마음은 어땠을까?
2	먹을 것이 없어 돼지치기가 되고 굶주린 아들의 심정은 어땠을까?
3	거지가 되어 돌아온 아들을 맞은 아버지의 마음은?
4	재산을 낭비한 작은 아들을 위해 잔치를 베푼 것을 본 큰 아들의 마음은?
선택 질문 번호	생각, 느낌
4	둘째 아들과 달리 돈을 낭비도 하지 않고 아버지의 속도 썩히지 않고 말 잘 듣는 자신을 위해서는 잔치 한 번 해 주지 않던 아버지가, 아버지의 재산을 낭비하고 거지가 되어 돌아온 동생을 환영하고 잔치까지 열어주셔서 큰아들은 너무나도 원망스럽고 화가 났다. 당연히 동생을 받아주지 않던지 크게 꾸중을 하고 자식이긴 하지만 자격을 잃은 사람이라고 무시하고 대접을 제대로 해주지 않아야 된다는 생각을 했을 것 같다. 아버지와 재산을 잃고 돌아온 동생이 원망스럽고 미웠을 것이다.

3. 본문 참여를 위한 질문

1) 성경 본문 내용 속에 참여해 보아요.
2) 내가 성경 속 사건을 만났거나 성경 속 인물이라면 어땠을지 만약에 라는 질문을 만들어 의견을 써 보아요.
3) 만든 질문의 의견을 보고 또 질문을 만드는 꼬리에 꼬리를 무는 질문을 만들어요.
4) 질문과 의견을 서로 나누어요.

Q1	만약에 둘째 아들이 집에 돌아오지 않고 계속 고생하고 있었더라면 어떻게 되었을까?
의견	아버지 집을 그리워하며 용기가 나지 않아 집에 가지 못하고, 계속 굶주리고 고생하면서 거지가 되어 병이 들거나 굶어 죽었을 것이다.
Q2	둘째 아들이 사는 방법은 무엇일까요?
의견	집에 돌아오는 것이다. 아버지께 용서를 구하고 집에 와서 사람답게 사는 것이 최선의 방법이다. 부모는 자식이 잘못해도 용서하시는 분이시고 자식의 어떤 모습이든 긍휼히 여기고 사랑하는 분이시기 때문이다
Q3	내가 만약 둘째 아들과 같은 상황이라면 어떻게 할까?
의견	둘째 아들처럼 집으로 돌아갈 것이다. 그것이 가장 좋은 최선의 방법이 될 테니까. 행여 부모님께서 꾸중을 하더라도 그것은 미워서가 아니고 더 반듯한 사람이 되라는 뜻이고 부모는 사랑으로 맞아주실 것이기 때문이다.

주 따르기

1. 본문을 적용하기

1) 본문에서 배운 것을 설명해 보아요.

(1) 본문에서 배운 말씀을 적어본다.

(2) 돌아가며 한 문장씩 말하거나 본문 말씀 전체의 줄거리를 말한다.

2) 본문에서 배운 것을 삶에서 순종해요.

(1) 허황된 욕심과 방탕으로 인해 세월을 낭비하지 않기

(2) 예수님 앞에 어떤 죄가 있더라도 솔직하게 말하여 용서를 받기

(3) 예수님의 자비와 사랑을 실천하여 사람들을 용서하고 기쁘게 용납하기

(4) 신앙이 회복되는 사람들이 자리를 찾아갈 때 아버지의 마음으로 칭찬과 격려해주기

2. 요절 암송: 누가복음 15장 32절

이 네 동생은/ 죽었다가 살아났으며/ 내가 잃었다가 얻었기로/
우리가 즐거워하고 기뻐하는 것이/ 마땅하다 하니라

3. 기도하기

1) 기도 제목을 서로 나누어요.

2) 서로 나눈 기도 제목과 오늘 배운 것을 순종하기 위해 기도해요.

제12과 나사로야 일어나라

주께 향하기

1. 기도하기

2. 일상생활 나누기: 우리 삶의 마음속 이야기를 나누어요.

3. 본문 살펴보기

무엇일까요?

※ 흥미, 관심(퀴즈)
- 살아있는 것은 모두 경험하게 됩니다.
- 움직이지 못하고 말을 못합니다.
- 거의 모든 사람들이 두려워합니다.
- 언제 찾아올지 모르는 일입니다.
- 가장 행복한 일이 될 수도 있고 가장 슬픈 일이 될 수도 있습니다.

죽음

1) 성경 내용을 소개하기: 인도자가 본문 전체의 줄거리를 간단하게 설명해요.
2) 성경 읽기: 요한복음 11장 1-44절, 2회 읽어요.
교독(인도자, 참가자) → 혼자 읽기(중요하거나 감동 주는 낱말, 문장 줄긋기)

3) 중요한 낱말을 찾아보기

마리아, 마르다, 나사로, 향유, 하나님의 영광, 죽음, 부활, 그리스도, 위로, 눈물, 냄새, 죽은 자

4) 중요한 문장을 찾기

요한복음 11장 25절, 40절

주께 배우기

1. 본문 이해를 위한 질문

1) 본문의 내용을 이해하기 위해 본문을 보고 사실 질문을 만들어요.
2) 본문에서 답을 찾아요.

※ 이 과의 이해를 위한 질문은 다음과 같이 게임으로 해요.

① A4용지 한 장을 접어 쪽지 8장을 만든다. 각 사람에게 4장의 쪽지를 나눠준다.
② 본문 성경을 보고 쪽지에 질문과 답을 적는다.
③ 쪽지를 모두 모아 가운데에 엎어놓고 순서를 정해 쪽지를 한 장씩 가져와 문제를 읽는다.
④ 문제를 듣고 답을 맞힌 사람이 쪽지를 가져간다.
동시에 맞히면 가위바위보 해서 이긴 사람이 가져갈지 줄지 결정한다.
⑤ 문제의 정답을 모두 모를 경우에는 문제를 읽은 사람이 답을 말하고 가져간다.

베다니에 사는 나사로가 어찌 되었나요? (병들어 죽음)	죽은 나사로의 가족은 누구인가요? (마르다, 마리아)
나사로의 병은 어떤 병이라 하셨나요? (죽을병이 아니라 하나님의 영광을 위함이요 하나님의 아들이 이로 말미암아 영광을 받게 하려함이다)	죽은 지 나흘이 된 나사로는 어떻게 되었나요? (다시 살아났음)

2. 본문 공감을 위한 질문

1) 본문에 나오는 인물이나 사건 등에 대한 생각이나 느낌을 묻는 질문을 만들어요.
2) 여러 질문 중에 한 질문을 선택해 생각이나 느낌을 쓰고 다 같이 나눠요.

번호	질문
1	예수님은 나사로가 아프다는 소식을 듣고 이틀을 동안 무슨 생각을 하셨을까?
2	예수님이 나사로가 죽은 지 나흘이 되어서야 오셔서 마르다와 마리아의 마음은 어땠을까?

3	예수님께서 큰 소리로 나사로야 나오라 부르자 무덤에 있는 나사로가 수족을 베로 동인 채 나올 때 사람들은 어떤 생각을 했을까?
선택 질문 번호	생각, 느낌
3	죽은 지 나흘이 되어 썩은 냄새가 나는 사람이 예수님의 말씀을 듣고 살아 나오자 엄청난 충격을 받았을 것 같다. 사람으로는 할 수 없는 일이지만 하나님의 아들이기에 가능했던 것이다. 그 모습을 본 많은 사람들은 예수님을 하나님의 아들로 인정했을 것이다. 그러나 마음이 완고한 바리새인과 대제사장은 오히려 예수님을 이 일로 인하여 더 죽이려는 계획을 세웠다. 눈이 있어도 보지 못하고 귀가 있어도 듣지 못한다는 말씀이 그들을 두고 하는 말이다. 우리도 들을 귀와 눈이 있어도 바리새인과 제사장처럼 보고 듣지 못하는 경우가 있을 것이다. 고집이나 편견을 버리고 좌로나 우로나 치우치지 않는 믿음을 갖도록 늘 깨어 기도하자.

3. 본문 참여를 위한 질문

1) 성경 본문 내용 속에 참여해 보아요.
2) 내가 성경 속 사건을 만났거나 성경 속 인물이라면 어땠을지 만약에 라는 질문을 만들어 의견을 써 보아요.
3) 만든 질문의 의견을 보고 또 질문을 만드는 꼬리에 꼬리를 무는 질문을 만들어요.
4) 질문과 의견을 서로 나누어요.

Q1	만약에 내가 죽은 지 나흘이 된 나사로가 무덤에서 붕대를 감고 살아서 걸어 나오는 모습을 본다면 어떤 반응을 했을까?
의견	유령이라 생각을 해서 놀라 까무러질 뻔 했을 것이다.
Q2	나사로를 살리신 예수님의 능력은 나에게 어떤 의미를 주나요?
의견	예수님은 하나님의 확실한 아들이시고 나의 구세주이심을 확신하게 하신다.
Q3	구세주이신 예수님을 어떻게 섬길까?
의견	예수님을 믿고, 예수님을 사랑하고, 예수님의 명령인 복음을 전하고, 예수님 말씀에 순종하며, 마음을 예수님께 향하고, 예수님을 늘 생각해야겠다.

주 따르기

1. 본문을 적용하기

1) 본문에서 배운 것을 설명해 보아요.

(1) 본문에서 배운 말씀을 적어본다.

(2) 돌아가며 한 문장씩 말하거나 본문 말씀 전체의 줄거리를 말한다.

2) 본문에서 배운 것을 삶에서 순종해요.

(1) 죽음은 예수님과 단절이 아니니 죽음을 두려워하지 않기

(2) 힘든 일을 만날 때 먼저 두려워하지 말고 그 일을 통해 일하실 하나님을 바라보기

2. 요절 암송: 요한복음 11장 25-26절

가서 보니/ 그 집이 청소되고 수리되었거늘/ 이에 가서/ 저보다 더 악한 귀신 일곱을 데리고 들어가서 거하니/ 그 사람의 나중 형편이 전보다 더 심하게 되느니라

3. 기도하기

1) 기도 제목을 서로 나누어요.

2) 서로 나눈 기도 제목과 오늘 배운 것을 순종하기 위해 기도해요.

제13과 변화된 삭개오

주께 향하기

1. 기도하기

2. 일상생활 나누기: 우리 삶의 마음속 이야기를 나누어요.

3. 본문 살펴보기

1) 성경 내용을 소개하기: 인도자가 본문 전체의 줄거리를 간단하게 설명해요.
2) 성경 읽기: 누가복음 19장 1-10절, 3회 읽어요.
교독(인도자, 참가자) → 혼자 읽기(중요하거나 감동 주는 낱말, 문장 줄긋기)
3) 중요한 낱말을 찾아 빙고 놀이하기

여리고	삭개오	세리장
부자	돌 무화과나무	죄인
소유의 절반	네 갑절	구원

4) 중요한 문장을 찾기

누가복음 19장 8절, 10절

주께 배우기

1. 본문 이해를 위한 질문

1) 본문의 내용을 이해하기 위해 본문을 보고 사실 질문을 만들어요.
2) 본문에서 답을 찾아요.

번호	질문	답
1	삭개오의 직업은?	세리장
2	돌 무화과나무 위에 있는 삭개오에게 예수님이 무어라 하셨나요?	삭개오야 속히 내려오라 내가 오늘 네 집에 유하겠다
3	예수님이 삭개오의 집에 갔을 때 사람들이 무어라고 말했나요?	죄인의 집에 갔다고 수군거림
4	삭개오를 누구의 자손이라고 했나요?	아브라함의 자손
5	삭개오는 어떻게 하겠다고 예수님께 말했나요?	소유의 절반을 가난한 사람들에게 주고 남에게 빼앗은 것은 네 배로 갚겠다.
6	예수님이 오신 것은 무엇 때문이라고 하셨나요?	잃어버린 자를 찾아 구원하려고

2. 본문 공감을 위한 질문

1) 본문에 나오는 인물이나 사건 등에 대한 생각이나 느낌을 묻는 질문을 만들어요.
2) 여러 질문 중에 한 질문을 선택해 생각이나 느낌을 쓰고 다 같이 나눠요.

번호	질문
1	나무 위에 있는 삭개오의 이름을 예수님께서 부르실 때 삭개오의 심정은 어땠을까?
2	예수님이 삭개오의 집에 가셨을 때 사람들은 어떤 생각을 했을까?

3	삭개오가 소유의 절반을 가난한 자들에게 주고 속여 빼앗은 것은 네 배로 갚은 다는 말을 했을 때 예수님의 마음은 어떠셨을까?
4	오늘 구원이 이집에 이르렀다는 말을 들은 삭개오의 마음은 어땠을까?
선택 질문 번호	**생각, 느낌**
4	돈을 많이 벌어 부자가 되면 행복할 줄 알았던 삭개오는 사람들에게 그동안 나쁜 사람이라고 비난 받고 무시 받아서 불행했을 것이다. 삭개오는 예수님을 만나고 가진 것들을 가난한 사람들에게 주고 빼앗은 것을 네 배로 갚고 얼마나 마음이 편하고 행복했을까? 예수님은 오늘 구원이 이집에 이르렀다고 하셨다. 삭개오는 이제 세상에서도 천국을 누리고 영생까지 얻게 되었으니 이보다 큰 행복이 없었을 것이다.

3. 본문 참여를 위한 질문

1) 성경 본문 내용 속에 참여해 보아요.
2) 내가 성경 속 사건을 만났거나 성경 속 인물이라면 어땠을지 만약에 라는 질문을 만들어 의견을 써 보아요.
3) 만든 질문의 의견을 보고 또 질문을 만드는 꼬리에 꼬리를 무는 질문을 만들어요.
4) 질문과 의견을 서로 나누어요.

Q1	만약에 내가 삭개오와 같은 세리장이었다면 어떻게 되었을까?
의견	세리장이 되어 부자가 되었겠지만 사람들로부터 나쁜 사람이라고 비난을 받아 늘 마음이 괴롭고 힘들어 불행한 삶을 살았을 것이다.
Q2	불행의 문제를 해결하는 방법은 무엇일까?
의견	삭개오처럼 예수님을 만나 구원을 받는 것이다. 삭개오는 인생의 최고 가치가 영생임을 알았고 행복을 누리게 되었다.
Q3	예수님을 만나면 정말 행복해질까?
의견	예수님을 만나 변화된 삭개오는 이전의 나쁜 삶을 고치고 새 사람으로 변화되어 많은 사람들에게 칭찬받는 사람이 되었고 행복해졌다. 나도 예수님을 만나서 불평과 불만의 삶이 사라지고 행복하게 되었다.

주 따르기

1. 본문을 적용하기

1) 본문에서 배운 것을 설명해 보아요.

(1) 본문에서 배운 말씀을 적어본다.

(2) 돌아가며 한 문장씩 말하거나 본문 말씀 전체의 줄거리를 말한다.

2) 본문에서 배운 것을 삶에서 순종해요.

(1) 인간의 행복의 근본은 주님을 만나는 것임을 알고 주변의 고통당하는 이웃에게 복음 전하기

(2) 내가 과거에 피해를 입힌 자들에게 보상하기

(3) 하나님께서 주신 물질로 가난한 이웃 섬기기

2. 요절 암송: 누가복음 19장 10절

인자가 온 것은/ 잃어버린 자를 찾아/ 구원하려 함이니라

3. 기도하기

1) 기도 제목을 서로 나누어요.

2) 서로 나눈 기도 제목과 오늘 배운 것을 순종하기 위해 기도해요.

고오찌 요시다로 부록

'고오찌 요시다로' 는 17세 때 도둑이 되었고, 18세 때 강간과 살인을 하고 그 집에 불을 질렀습니다. 그야말로 타락의 길을 걷고 있는 청년이었습니다. 결국 그는 체포되었고 무기징역에 9년이 더해진 중죄인으로 홋카이도의 소라찌 감옥에 수감 되었습니다. 그가 25세 되는 1889년 1월 2일 밤 꿈속에서 뭔지 모를 환한 빛이 비춰더니 하늘의 천사가 그에게 다가와 하나님의 말씀을 전해주러 왔다며 성경을 보여주었습니다. 똑같은 꿈을 여러 번 꾸게 되자 그는 성경을 구했습니다. 하지만 일자무식인 그는 성경을 읽을 수 없어 동료 죄수들과 간수들에게 동냥 글을 배우기 시작했습니다. 어느덧 그는 글을 깨우치게 되었고 밤낮으로 성경을 읽었습니다. 성경을 읽으면서 악랄하기로 유명했던 고오찌 요시다로가 변하게 되자, 교도소에서는 그와 같이 무서운 죄를 저지른 죄인들이 하나둘 변하는 일대 변혁이 일어났습니다. 성경은 모든 죄수의 가장 소중한 물건이 되었습니다. 그리고 무기징역을 선고받은 고오찌 요시다로는 1904년 특사로 가출옥되는 기쁨을 누리게 되었습니다. 악한 늑대가 온순한 양으로 변화된 것이지요. 하나님의 말씀은 살았고 운동력이 있어 잠자는 영혼을 깨웁니다.

(김병규, 『마음의 약이 되는 매콤달콤한 이야기』)

제14과 예수님의 세 가지 비유

주께 향하기

1. 기도하기

2. 일상생활 나누기: 우리 삶의 마음속 이야기를 나누어요.

3. 본문 살펴보기

1) 성경 내용을 소개하기: 인도자가 본문 전체의 줄거리를 간단하게 설명해요.
2) 성경 읽기: 마태복음 25장, 2회 읽어요.
   교독(인도자, 참가자) → 혼자 읽기(중요하거나 감동 주는 낱말, 문장 줄긋기)
3) 중요한 낱말을 찾아보기

천국, 신랑, 열 처녀, 슬기, 기름, 깨어 있으라. 다섯 달란트, 종, 주인, 충성, 내쫓으라,
인자 , 영광, 양과 염소, 지극히 작은 자

4) 중요한 문장을 찾기

마태복음 25장 13절, 21절, 40절, 46절

주께 배우기

1. 본문 이해를 위한 질문

1) 본문의 내용을 이해하기 위해 본문을 보고 사실 질문을 만들어요.
2) 본문에서 답을 찾아요.

번호	질문	답
1	어떤 처녀들만 혼인 잔치에 들어갈 수 있었나요?	기름을 담아 등과 함께 가져 간 슬기로운 처녀들 다섯 명
2	다섯 달란트로 장사하여 다섯 달란트를 남긴 종은 주인에게 어떤 칭찬을 들었나요?	잘하였도다 착하고 충성된 종아 네가 적은 일에 충성하였으매 내가 많은 것을 네게 맡기리니 네 주인의 즐거움에 참여할지어다.

3	한 달란트 받은 자는 어떤 말을 들었나요?	악하고 게으른 종아 네가 마땅히 내 돈을 취리하는 자들에게나 맡겼다가 내가 돌아와서 내 원금과 이자를 받게 하였을 것이니라 그 한 달란트를 빼앗아 열 달란트 가진 자에게 주라 이 무익한 종을 바깥 어두운 데로 내어 쫓으라 거기서 슬피 울며 이를 갈리라 하니라.
4	예수님이 천사들과 함께 오실 때 어디에 앉아계실까?	영광의 보좌
5	모든 민족을 어떻게 구분한다고 하셨나요?	양과 염소
6	오른편 양에게 뭐라 하셨나요?	내 아버지께 복 받을 자들이여 나아와 창세로부터 너희를 위하여 예비 된 나라를 상속 받으라.

2. 본문 공감을 위한 질문

1) 본문에 나오는 인물이나 사건 등에 대한 생각이나 느낌을 묻는 질문을 만들어요.
2) 여러 질문 중에 한 질문을 선택해 생각이나 느낌을 쓰고 다 같이 나눠요.

번호	질문
1	혼인잔치에 에 못 들어간 미련한 다섯 처녀들은 어떤 마음이었을까?
2	잘하였도다 착하고 충성된 종아 네가 적은 일에 충성하였으매 내가 많은 것을 네게 맡기리니 네 주인의 즐거움에 참여할지어다라는 말을 들은 종들의 마음은?
3	칭찬을 들은 양들은 마음이 어땠을까?
4	이 지극히 작은 자 하나에게 하지 아니한 것이 곧 내게 하지 아니한 것이니라 라는 말을 들은 자들은 어떤 생각을 했을까?
선택 질문 번호	**생각, 느낌**
4	예수님께서 작은 자는 주리고, 목마르고, 나그네, 헐벗은 자, 병든 자, 옥에 갇힌 자 같은 사람들이라 하셨다. 이들에게 사랑을 베풀지 않는 것이 곧 예수님에게 하지 않은 것이라고 하셨다. 아마도 주변의 작은 자들을 찾아서 도와주어야 하겠다고 생각했을 것이다.

3. 본문 참여를 위한 질문

1) 성경 본문 내용 속에 참여해 보아요.
2) 내가 성경 속 사건을 만났거나 성경 속 인물이라면 어땠을지 만약에 라는 질문을 만들어 의견을 써 보아요.
3) 만든 질문의 의견을 보고 또 질문을 만드는 꼬리에 꼬리를 무는 질문을 만들어요.
4) 질문과 의견을 서로 나누어요.

Q1	만약에 지극히 작은 자가 곁에 있으면 어떻게 할까?
의견	예수님께 대접한다는 맘으로 돕겠다.
Q2	어떻게 도울까?
의견	내가 가지고 있는 물질로 돕기, 사랑하는 마음, 따뜻한 말, 몸을 써서 일을 하며 돕기, 위로하기, 친절하기 가르쳐 주기, 안아 주기 등
Q3	작은 자를 도우면 어떤 유익이 있을까?
의견	예수님께 칭찬도 듣겠지만 먼저 내가 행복해지고 주변의 사람들도 행복해져서 내가 있는 곳이 천국으로 변할 것이다.

깨어있으라 부록

제2차 세계 대전 때 일입니다. 미국은 일본군의 기습을 어느 정도 짐작은 하고 있었지만 그리 쉽게 기습할 것으로 생각하지 않았습니다. 그래서 주말이 되면 군인들은 모두 술을 마시고 밤늦게까지 댄스파티를 즐기다가 아침이 되어서야 곯아떨어졌습니다. 바로 이때 1945년 12월 7일 일본 항공모함으로부터 수많은 일본군의 비행기가 진주만을 기습하여 공격해 오고 있었습니다. 마침 레이더 조종을 연습하고 있던 견습병 한 명이 태평양 쪽에서 많은 비행기가 오는 것을 보고 재빨리 상부에 연락을 취하였지만, 상부는

"그것은 아마 아군의 연습기일지 모르니 관계없다" 라며 묵살해 버렸습니다.

그런데 잠시 뒤 일본군 비행기는 진주만을 기습하여 일시에 폭격을 가해 미국 군인들은 눈코 뜰 사이도 없이 당하고 말았습니다. 그 결과 정박 중이던 기함 애리조나호는 십 분 만에 침몰하여 거기에 타고 있던 병사 천이삼백 명이 그대로 죽고 나머지 많은 병사는 불구자가 되고 말았습니다. 우리 신앙도 항상 신앙의 잠을 잘까 조심하고 있어야 합니다. 오늘도 깨어있어 주님을 영접할 수 있는 준비 있는 신앙을 가져야 합니다. 오늘도 주님의 재림을 준비하는 가운데 가치 있는 삶으로 채웁시다.

주 따르기

1. 본문을 적용하기

1) 본문에서 배운 것을 설명해 보아요.

(1) 본문에서 배운 말씀을 적어본다.

(2) 돌아가며 한 문장씩 말하거나 본문 말씀 전체의 줄거리를 말한다.

2) 본문에서 배운 것을 삶에서 순종해요.

(1) 주님이 오시는 순간까지 깨어 있기

(2) 내가 받은 사명을 충성되게 감당하기

(3) 주변의 지극히 작은 자를 찾아 복음을 전하고 도와주도록 힘쓰기

2. 요절 암송: 마태복음 25:13, 23, 40절

13절: 그런즉 깨어 있으라/ 너희는 그 날과 그 때를 알지 못하느니라

23절: 그 주인이 이르되/ 잘하였도다 착하고 충성된 종아/ 네가 적은 일에 충성하였으매/
내가 많은 것을 네게 맡기리니/ 네 주인의 즐거움에 참여할지어다 하고

40절: 임금이 대답하여 이르시되/ 내가 진실로 너희에게 이르노니/
너희가 여기 내 형제 중에/ 지극히 작은 자 하나에게 한 것이/ 곧 내게 한 것이니라 하시고

3. 기도하기

1) 기도 제목을 서로 나누어요.

2) 서로 나눈 기도 제목과 오늘 배운 것을 순종하기 위해 기도해요.

제15과 십자가에 못 박히신 예수님

주께 향하기

1. 기도하기

2. 일상생활 나누기: 우리 삶의 마음속 이야기를 나누어요.

3. 본문 살펴보기

1) 성경 내용을 소개하기: 인도자가 본문 전체의 줄거리를 간단하게 설명해요.
2) 성경 읽기: 마태복음 27장 32-66절, 2회 읽어요.
교독(인도자, 참가자) → 혼자 읽기(중요하거나 감동 주는 낱말, 문장 줄긋기)
3) 중요한 낱말을 찾아보기

시몬, 십자가, 골고다, 쓸개 탄 포도주, 유대인의 왕, 모욕, 하나님의 아들, 구원, 강도들, 엘리 엘리 라마 -사박다니, 영혼, 성소 휘장, 무덤, 부활, 백부장, 아리마대 요셉, 막달라 마리아, 사흘, 경비병, 무덤

4) 중요한 문장을 찾기

마태복음 27장 46절51절, 52절, 53절, 54절

주께 배우기

1. 본문 이해를 위한 질문

1) 본문의 내용을 이해하기 위해 본문을 보고 사실 질문을 만들어요.
2) 본문에서 답을 찾아요.

번호	질문	답
1	예수를 십자가에 못 박은 후에 그 옷을 어떻게 나누었나요?	제비 뽑아 나누었다.
2	예수님 머리 위에 무엇이라 쓴 죄패를 붙였나요?	유대인의 왕 예수
3	엘리 엘리 라마 사박다니는 어떤 뜻인가요?	나의 하나님, 나의 하나님, 어찌하여 나를 버리셨나이까

4	백부장과 및 함께 예수를 지키던 자들이 지진과 그 일어난 일들을 보고 심히 두려워하여 뭐라고 했나요?	이는 진실로 하나님의 아들이었도다 하더라
5	예수님의 무덤을 어떻게 했나요?	경비병과 함께 가서 돌을 인봉하고 무덤을 굳게 지킴
6	예수님께서 돌아가시자 어떤 일이 있었나요?	성소 휘장이 위로부터 아래까지 찢어져 둘이 되고 땅이 진동하며 바위가 터지고 무덤들이 열리며 자던 성도의 몸이 많이 일어나되 예수의 부활 후에 그들이 무덤에서 나와서 거룩한 성에 들어가 많은 사람에게 보이니라

2. 본문 공감을 위한 질문

1) 본문에 나오는 인물이나 사건 등에 대한 생각이나 느낌을 묻는 질문을 만들어요.
2) 여러 질문 중에 한 질문을 선택해 생각이나 느낌을 쓰고 다 같이 나눠요.

번호	질문
1	군인들이 예수님의 옷을 제비뽑아 나눌 때 예수님의 마음은 어땠을까?
2	그가 남은 구원하였으되 자기는 구원할 수 없도다 그가 이스라엘의 왕이로다 지금 십자가에서 내려올지어다 그리하면 우리가 믿겠노라 그가 하나님을 신뢰하니 하나님이 원하시면 이제 그를 구원하실지라 할 때 예수님 마음은 어떠셨을까?
3	예수님께서 돌아가실 때 일어난 일들을 본 사람들은 어떤 마음이었을까?
4	십자가에 고난을 받는 모습을 보는 예수님을 따르던 여자들의 마음은 어땠을까?
선택 질문 번호	**생각, 느낌**
2	예수님은 십자가에서 당장 내려오실 수도 있고 십자가를 지지 않으실 수도 있으시다. 그러나 자신의 몸을 대속 제물로 주시기 위해 오신 예수님은 갖은 모욕과 고통을 참으심, 하나님께 순종하시고 십자가 고난을 담당하심으로 승리하셨다. 고마우신 예수님 은혜 감사합니다.

3. 본문 참여를 위한 질문

1) 성경 본문 내용 속에 참여해 보아요.
2) 내가 성경 속 사건을 만났거나 성경 속 인물이라면 어땠을지 만약에 라는 질문을 만들어 의견을 써 보아요.
3) 만든 질문의 의견을 보고 또 질문을 만드는 꼬리에 꼬리를 무는 질문을 만들어요.
4) 질문과 의견을 서로 나누어요.

Q1	만약에 내가 예수님께서 십자가를 지고 돌아가실 때 일들을 보았으면 어떻게 했을까?
의견	성소 휘장이 찢어지고 땅이 진동하고 바위가 터지고 무덤에서 성도 들이 일어나는 등의 일들을 보면서 백부장의 고백처럼 진짜로 예수님은 하나님의 아들이심을 확신 했을 것이다.
Q2	예수님의 십자가는 우리에게 무엇을 주시나요?
의견	죄로부터 해방하기 위해 구원의 길을 열어주셨다.

주 따르기

1. 본문을 적용하기

1) 본문에서 배운 것을 설명해 보아요.
(1) 본문에서 배운 말씀을 적어본다.

(2) 돌아가며 한 문장씩 말하거나 본문 말씀 전체의 줄거리를 말한다.

2) 본문에서 배운 것을 삶에서 순종해요.
(1) 예수님 십자가 사랑을 매일 10분 묵상하기
(2) 예수님의 십자가의 사랑 전하기

2. 요절 암송: 마태복음 27장 54절

백부장과 및 함께 예수를 지키던 자들이/ 지진과 그 일어난 일들을 보고/

심히 두려워하여 이르되/ 이는 진실로 하나님의 아들이었도다 하더라

3. 기도하기

1) 기도 제목을 서로 나누어요.

2) 서로 나눈 기도 제목과 오늘 배운 것을 순종하기 위해 기도해요.

기관사 가르시아와 나코자리 탄광 부록

1970년 11월 7일 멕시코 나코자리라는 작은 탄광 마을에서 있었던 일이에요. 가르시아라는 이름을 가진 기관사가 정거장에 열차를 세우고 기관차 안에서 쉬고 있었어요. 그런데 이 화물열차의 서너 개의 화차에는 탄광에서 사용하는 다이너마이트가 가득 실려 있었습니다.

누군가 외치는 소리에 깜짝 놀라 가르시아가 얼른 쳐다보니 뒤에 달린 화차 한 칸에서 불이나 다이너마이트가 실린 다른 화물칸으로 옮겨가고 있었어요. 만약 이 열차에 가득 실린 다이너마이트가 불에 폭발한다면 이 작은 나코자리 마을과 그 안의 모든 주민이 멸망할 것은 뻔한 일이었어요. 사람들은 어서 피하라고 소리치며 급히들 뛰고 있었으나 이미 때는 늦은 일에 불과했지요.

이때 가르시아 기관사가 기관차의 손잡이를 잡고 열차를 움직이기 시작했어요. 곧 속력을 얻은 육중한 열차는 마을을 빠져나가기 시작했고 계속 불길을 끌고 달려갔어요. 얼마쯤 지나자 숨 가쁜 기차의 소리만 들려 올뿐 모습은 사라져 보이지 않게 되었습니다. 잠시 후 천지를 뒤흔드는 큰 폭음과 함께 열차는 산산조각이 나버렸어요.

물론 기관사 가르시아의 몸도 형체를 찾아볼 수 없게 되었지요. 이후로 가르시아라는 이름은 나코자리 마을이 존재하는 한 영원히 살아서 기억되는 이름이 되었답니다.

(윤영준 목사 예화 집, 『그다음엔 또 어떻게』)

제16과 부활하신 예수님

주께 향하기

1. 기도하기

2. 일상생활 나누기: 우리 삶의 마음속 이야기를 나누어요.

3. 본문 살펴보기

무엇일까요?

※ 흥미, 관심(퀴즈)
- 두 글자입니다.
- 굉장히 기쁜 일입니다.
- 기적이라고 말 할 수 있어요.
- 나사로도 경험했어요.
- 죽었다가 다시 살아나는 것입니다

부활

1) 성경 내용을 소개하기: 인도자가 본문 전체의 줄거리를 간단하게 설명해요.
2) 성경 읽기: 마태복음 28장 1-15절, 2회 읽어요.
교독(인도자, 참가자) → 혼자 읽기(중요하거나 감동 주는 낱말, 문장 줄긋기)
3) 중요한 낱말을 찾아 빙고 놀이하기

안식 후 첫날	큰 지진	천사
못 박힌 예수	무서움	큰 기쁨
무덤	평안하냐	경비병

예) 돈 / 도둑질 / 근심

4) 중요한 문장을 찾기

마태복음 28장 6절, 9절, 10절

주께 배우기

1. 본문 이해를 위한 질문

1) 본문의 내용을 이해하기 위해 본문을 보고 사실 질문을 만들어요.
2) 본문에서 답을 찾아요.

번호	질문	답
1	안식 후 첫날이 되려는 새벽에 예수님 무덤을 보려고 간 사람은 누구인가요?	막달라 마리아와 다른 마리아
2	천사가 여자들에게 무어라 말했나요?	너희는 무서워하지 말라 십자가에 못 박히신 예수를 너희가 찾는 줄을 내가 아노라 그가 여기 계시지 않고 그가 말씀 하시던 대로 살아나셨느니라 와서 그가 누우셨던 곳을 보라
3	그 여자들이 무서움과 큰 기쁨으로 빨리 무덤을 떠나 제자들에게 알리려고 달음질할 새 예수께서 그들을 만나 뭐라 하셨나요?	평안하냐?
4	부활하신 예수님께서 여자들에게 뭐라 하셨나요?	무서워하지 말라 가서 내 형제들에게 갈릴리로 가라 하라 거기서 나를 보리라
5	경비병 중 몇이 성에 들어가 모든 된 일을 대제사장들에게 알리니 어떻게 하라고 했나요?	군인들에게 돈을 많이 주며 이르되 너희는 말하기를 그의 제자들이 밤에 와서 우리가 잘 때에 그를 도둑질하여 갔다 하라
6	군인들이 돈을 받고 가르친 대로 한 말이 어떻게 되었나요?	유대인 가운데 두루 퍼짐

2. 본문 공감을 위한 질문

1) 본문에 나오는 인물이나 사건 등에 대한 생각이나 느낌을 묻는 질문을 만들어요.
2) 여러 질문 중에 한 질문을 선택해 생각이나 느낌을 쓰고 다 같이 나눠요.

번호	질문
1	막달라 마리아와 다른 마리아는 큰 지진과 주의 천사를 보고 어떤 생각과 느낌이 들었을까?
2	부활한 예수님을 처음 본 두 여자의 마음은 어땠을까?
3	지진이 일어나고 예수님께서 부활 하신 것을 군인들에게 보고 받은 대제사장의 마음은 어땠을까?
4	군인 대제사장, 장로들의 말을 듣고 돈을 받고 거짓말을 했는데 그들의 마음은 어땠을까?
선택 질문 번호	생각, 느낌
4	두렵고 떨렸을 것이다. 예수님의 예언이 그대로 이루어진 것을 듣고 어찌할 바를 몰랐을 것이다. 그러나 어찌되었든 예수님이 부활하지 못했다고 해야 자기들의 위신이 선다고 생각했을 것이다. 자기들이 옳다는 것을 증명하려고 군인들에게 돈을 주고 제자들이 예수님 시신을 도둑질해갔다는 거짓 소문을 퍼뜨리게 하였다. 군인들의 말을 듣고 회개하였더라면 얼마나 좋았을까? 악은 악을 낳고 한 번 악의 길로 들어가면 좀처럼 나오기가 쉽지 않은 것 같다. 죄를 짓는 것도 나쁘지만 겸손하게 죄를 뉘우치고 돌아서는 것이 정말 중요하다는 생각을 한다.

3. 본문 참여를 위한 질문

1) 성경 본문 내용 속에 참여해 보아요.
2) 내가 성경 속 사건을 만났거나 성경 속 인물이라면 어땠을지 만약에 라는 질문을 만들어 의견을 써 보아요.
3) 만든 질문의 의견을 보고 또 질문을 만드는 꼬리에 꼬리를 무는 질문을 만들어요.
4) 질문과 의견을 서로 나누어요.

Q1	만약에 내가 부활하신 예수님을 보았다면 어떻게 했을까?
의견	너무 기뻐서 어쩔 줄을 몰랐을 것 같다. 사람들에게 부활의 기쁜 소식을 전하고 싶어서 만나는 사람에게 부활의 기쁜 소식을 열심히 전했을 것이다.
Q2	예수님의 부활은 나에게 어떤 의미가 있나요?
의견	나도 예수님처럼 부활하리라는 확신을 갖기에 죽음이 두렵지 않다. 부활은 사망권세를 깨뜨린 엄청난 기쁜 소식이다.
Q3	부활하신 예수님을 주변 사람들에게 잘 전하고 있나요?
의견	할 수 있으면 복음을 전하면서 부활의 주님을 전하려고 노력하고 있다. 주변의 믿지 않는 가족과 반 어린이들에게 부활의 주님을 소개하기 위해 기도하고 노력해야겠다.

주 따르기

1. 본문을 적용하기

1) 본문에서 배운 것을 설명해 보아요.

(1) 본문에서 배운 말씀을 적어본다.

(2) 돌아가며 한 문장씩 말하거나 본문 말씀 전체의 줄거리를 말한다.

2) 본문에서 배운 것을 삶에서 순종해요.

(1) 예수님의 부활을 증거하기

(2) 로마 병정과 달리 돈이나 명예를 쫓지 않기

(3) 대제사장의 말과 같은 거짓 교훈에 현혹되지 않기

2. 요절 암송: 마태복음 28장 6절

그가 여기 계시지 않고/ 그가 말씀하시던 대로 살아나셨느니라/ 와서 그가 누우셨던 곳을 보라

3. 기도하기

1) 기도 제목을 서로 나누어요.

2) 서로 나눈 기도 제목과 오늘 배운 것을 순종하기 위해 기도해요.

최고의 발견 부록

1847년 이전까지 외과수술은 모든 환자에게 공포 그 자체였어요. 이 공포에서 환자를 해방해준 사람이 스코틀랜드 출신의 산부인과 의사인 JY 심프슨이에요. 그는 최초의 흡입 전신마취제인 클로로포름을 발견하였습니다. 이외에도 산과겸자(産科鉗子)를 고안하는 등 최고의 산부인과 의사로서 수많은 연구 성과를 이룩했어요. 이러한 공로로 1866년 스코틀랜드 의사로서는 처음으로 경의 칭호와 옥스퍼드대학의 A명예 법학박사 학위를 받았고 1869년 에든버러시의 명예시민이 됐습니다.

심프슨의 생애 말년에 제자들이 물었습니다.

"선생님! 선생님 생애에 가장 위대한 발견은 무엇입니까?"

"내 생애 최고의 발견은 예수 그리스도께서 불쌍한 죄인인 나를 위하여 죽으시고 부활하셨다는 사실이네!"

그를 값지게 한 것은 연구 업적이 아니라 그를 위해 죽으시고 부활하신 예수님의 사랑이었습니다.

제17과 제자의 삶에서

주께 향하기

1. 기도하기

2. 일상생활 나누기: 우리 삶의 마음속 이야기를 나누어요.

3. 본문 살펴보기

1) 성경 내용을 소개하기: 인도자가 본문 전체의 줄거리를 간단하게 설명해요.
2) 성경 읽기: 마태복음 28장 16-20절, 2회 읽어요.
교독(인도자, 참가자) → 혼자 읽기(중요하거나 감동 주는 낱말, 문장 줄긋기)
3) 중요한 낱말을 찾아보기

열한 제자, 갈릴리, 경배, 의심, 말씀, 모든 권세, 모든 민족, 제자, 아들, 아버지, 세례, 성령, 분부, 가르쳐 지키게 하라. 볼지어다, 세상 끝날, 항상, 함께

4) 중요한 문장을 찾기

마태복음 28장 18-20절

주께 배우기

1. 본문 이해를 위한 질문

1) 본문의 내용을 이해하기 위해 본문을 보고 사실 질문을 만들어요.
2) 본문에서 답을 찾아요.
※ 이 과의 이해를 위한 질문은 다음과 같이 게임으로 해요.
① A4용지 한 장을 접어 쪽지 8장을 만든다. 각 사람에게 4장의 쪽지를 나눠준다.
② 본문 성경을 보고 쪽지에 질문과 답을 적는다.
③ 쪽지를 모두 모아 가운데에 엎어놓고 순서를 정해 쪽지를 한 장씩 가져와 문제를 읽는다.
④ 문제를 듣고 답을 맞힌 사람이 쪽지를 가져간다.
동시에 맞히면 가위바위보 해서 이긴 사람이 가져갈지 줄지 결정한다.
⑤ 문제의 정답을 모두 모를 경우에는 문제를 읽은 사람이 답을 말하고 가져간다.

부활하신 예수님을 본 사람들의 태도는? (경배, 의심)	하늘과 땅의 모든 권세를 가진 분이 누구신가요? (예수님)
누구를 제자로 삼으라고 하셨나요? (모든 민족)	주님께서 세상 끝날 까지 어떻게 하신다고 하셨나요? (너희와 항상 함께 있으신다 하심)

2. 본문 공감을 위한 질문

1) 본문에 나오는 인물이나 사건 등에 대한 생각이나 느낌을 묻는 질문을 만들어요.
2) 여러 질문 중에 한 질문을 선택해 생각이나 느낌을 쓰고 다 같이 나눠요.

번호	질문
1	부활하신 예수님을 보고도 의심하는 사람은 어떤 생각을 했을까?
2	예수님은 의심하는 자들을 보고 어떤 생각을 하셨을까?
3	예수님의 분부를 들은 제자들은 어떤 생각을 했을까?
4	세상 끝날 까지 항상 함께 하신다는 말씀을 들은 제자들은 어떤 생각을 했을까?
선택 질문 번호	생각, 느낌
4	주께서 항상 함께 하신다는 말씀은 엄청난 힘이 된다. 가장 능력 있으신 분이 나를 보호하신다는 것이다. 이 세상의 무엇도 두렵지 않다. 왜냐면 모든 위험과 악으로부터 지켜 주시고 제일 좋은 것으로 인도하시기 때문이다.

3. 본문 참여를 위한 질문

1) 성경 본문 내용 속에 참여해 보아요.
2) 내가 성경 속 사건을 만났거나 성경 속 인물이라면 어땠을지 만약에 라는 질문을 만들어 의견을 써 보아요.
3) 만든 질문의 의견을 보고 또 질문을 만드는 꼬리에 꼬리를 무는 질문을 만들어요.
4) 질문과 의견을 서로 나누어요.

Q1	만약에 내가 제자 삼으라는 예수님의 명령을 받으면 어떻게 할까?
의견	예수님의 십자가 고난과 부활을 본 제자이기에 그 명령을 따라 살았을 것이다.
Q2	나는 예수님의 제자 삼으라는 명령을 잘 이행하고 있나요?
의견	나의 삶에서 속에서 가장 많이 만나는 학급의 제자들에게 복음을 전하기 위해 날마다 이야기를 들려주고, 교유과정 속에서 복음을 전하고 기독교 관련 책도 사서 보게 하고 틈난 나면 복음을 전하려고 노력하고 있다.
Q3	요즘 노력의 결과가 열매로 잘 나타나고 있나요?
의견	코로나19로 인해 만나는 횟수가 너무 적어서 틈나는 대로 전하고 있지만 예전처럼 전적으로 복음을 전하지 못해 안타까워하고 있다.

서서평의 완전한 사랑 부록

서서평의 본래 이름은 '엘리자베스 요한나 쉐핑'이에요. 서서평은 독일에서 출생하고 미국에서 자랐으며 1912년 32살에 우리나라에 간호선교사로 와서 54세에 천국으로 가셨어요. 만성 풍토병과 과로와 영양실조로 돌아가신 서서평 선교사가 남긴 것은 단지 담요 반장, 동전 7전, 강냉이 가루 2홉뿐이었답니다. 시신도 유언에 따라 의학 연구용으로 기증되었어요. 그녀는 보리밥과 된장국을 먹고 고무신을 신고 광주 제중원에서 간호사로 일하며 600여 명의 한센 환자들과 고아와 과부들을 품고 살았습니다.

서서평은 말을 타고 한 달에 270km 넘는 거리도 이동했는데 말이 쓰러지면 짐을 머리에 이고 걸어 다녔어요. 그녀의 보고서에 의하면 '이번 여행에 만난 500여 명의 여자 중 이름이 있는 사람은 10명뿐입니다. 그녀들은 '돼지 할머니', '큰 년', '작은 년'으로 불립니다. 이들에게 이름을 지어주고 한글을 깨우쳐 주는 것이 가장 큰 기쁨입니다.'라고 썼습니다. 그녀는 최초 여자 신학교인 '이일학교'를 세워서 어린 소녀와 처녀들에게 문자를 가르쳤고 전라도 일대와 제주도를 순회하며 병자를 돌보고 가난한 여인들을 가르쳤어요. 성경 출애굽기를 가르치며 우리 민족에게 독립의 확신을 심어주려고 애썼습니다. 또 13명의 양딸과 1명의 양자를 입양하여 훌륭하게 키웠으며 과부 38명이 자립하여 새 삶을 살도록 도와주는 많은 일을 했어요.

그녀의 장례는 광주시민사회장으로 치러졌어요. 수천의 광주시민과 나환자들이 쫓아 나와 어머니를 부르며 오열했다는 기록이 남아있습니다.

주 따르기

1. 본문을 적용하기

1) 본문에서 배운 것을 설명해 보아요.

(1) 본문에서 배운 말씀을 적어본다.

(2) 돌아가며 한 문장씩 말하거나 본문 말씀 전체의 줄거리를 말한다.

2) 본문에서 배운 것을 삶에서 순종해요.

(1) 예수님을 주위 사람들을 제자삼기

(2) 함께 하신 예수님과 기도로 교제하기

2. 요절 암송: 마태복음 28장 19-20절

그러므로 너희는/ 가서 모든 민족을 제자로 삼아/ 아버지와 아들과 성령의 이름으로 세례를 베풀고/
내가 너희에게 분부한 모든 것을 가르쳐 지키게 하라/ 볼지어다 내가 세상 끝날까지/
너희와 항상 함께 있으리라 하시니라

3. 기도하기

1) 기도 제목을 서로 나누어요.

2) 서로 나눈 기도 제목과 오늘 배운 것을 순종하기 위해 기도해요.

제18과 복음이 전파되었어요

주께 향하기

1. 기도하기

2. 일상생활 나누기: 우리 삶의 마음속 이야기를 나누어요.

3. 본문 살펴보기

1) 성경 내용을 소개하기: 인도자가 본문 전체의 줄거리를 간단하게 설명해요.
2) 성경 읽기: 사도행전 7장 54-사도행전 8장 8절, 2회 읽어요.
교독(인도자, 참가자) → 혼자 읽기(중요하거나 감동 주는 낱말, 문장 줄긋기)
3) 중요한 낱말을 찾아보기

스데반, 마음에 찔려, 성령 충만, 하나님 영광, 하나님 우편, 하늘이 열리고, 돌, 옷, 사울, 죄, 박해, 경건, 잔멸, 빌립, 사마리아, 큰 기쁨

4) 중요한 문장을 찾기

사도행전 7장 60절, 8장 8절

주께 배우기

1. 본문 이해를 위한 질문

1) 본문의 내용을 이해하기 위해 본문을 보고 사실 질문을 만들어요.
2) 본문에서 답을 찾아요.
※ 이 과의 이해를 위한 질문은 다음과 같이 게임으로 해요.
① A4용지 한 장을 접어 쪽지 8장을 만든다. 각 사람에게 4장의 쪽지를 나눠준다.
② 본문 성경을 보고 쪽지에 질문과 답을 적는다.
③ 쪽지를 모두 모아 가운데에 엎어놓고 순서를 정해 쪽지를 한 장씩 가져와 문제를 읽는다.
④ 문제를 듣고 답을 맞힌 사람이 쪽지를 가져간다.
동시에 맞히면 가위바위보 해서 이긴 사람이 가져갈지 줄지 결정한다.
⑤ 문제의 정답을 모두 모를 경우에는 문제를 읽은 사람이 답을 말하고 가져간다.

스데반이 성령 충만하여 하늘을 우러러 주목하여 본 것은 무엇일까요? (하나님의 영광과 및 예수께서 하나님 우편에 서신 것을 보고 말하되 보라 하늘이 열리고 인자가 하나님 우편에 서신 것)	스데반의 설교와 하늘을 우러러 본 것을 말하자 어떻게 했나요? (그들이 큰 소리를 지르며 귀를 막고 일제히 그에게 달려들어 성 밖으로 내치고 돌로 침)
그들이 돌로 스데반을 치니 스데반이 무어라고 부르짖었나요? (주 예수여 내 영혼을 받으시옵소서 하고 무릎을 꿇고 크게 불러 이르되 주여 이 죄를 그들에게 돌리지 마옵소서)	빌립이 어디로 가서 그리스도를 백성에게 전파했나요? (사마리아 성)

2. 본문 공감을 위한 질문

1) 스데반에게 질문을 해요(생각, 느낌 질문)
(1) 하나님의 영광과 예수님께서 하나님 우편에 앉으신 것을 볼 때 어떠셨나요?
(2) 사람들이 돌로 치실 때 어떠셨나요?
(3) 왜 이 죄를 저들에게 돌리지 마옵소서 라고 하셨나요?
(4) 사람들이 큰 소리 치며 귀를 막고 달려드는 모습을 볼 때 마음이 어떠셨어요?
(5) 예루살렘 교회와 스데반의 박해는 제자들의 삶을 어떻게 바뀌게 했나요?
(6) 사람들이 스데반을 장사하고 크게 우실 때 마음이 어떠셨어요?

2) 스데반의 역할을 인도자 자녀(학생) 순으로 해 보아요. 스데반의 심정이 되어 질문에 답해요.

3. 본문 참여를 위한 질문

1) 성경 본문 내용 속에 참여해 보아요.
2) 내가 성경 속 사건을 만났거나 성경 속 인물이라면 어땠을지 만약에 라는 질문을 만들어 의견을 써 보아요.
3) 만든 질문의 의견을 보고 또 질문을 만드는 꼬리에 꼬리를 무는 질문을 만들어요.
4) 질문과 의견을 서로 나누어요.

Q1	만약에 내가 스데반이라면 사람들이 돌로 칠 때 어땠을까?
의견	너무 아프고 힘들고 괴로워서 신음하면서 속상하고 복음을 알지 못하는 사람들이 불쌍하다는 생각과 동시에 원망하는 마음도 있었을 것이다.

Q2	만약 스데반이 본 천국을 봤다면 어떻게 했을까?
의견	너무 행복했을 것이다. 그리고 자신을 괴롭히는 사람들이 너무 불쌍하여 스데반처럼 그들을 위해 기도를 할 수 있을 것 같다.
Q3	나는 오늘 죽으면 천국에 갈 수 있는가?
의견	예수님을 나의 구주로 믿고 내 죄를 사하여 주심을 믿는다. 예수님의 사랑의 십자가 때문에 나의 모든 죄를 용서 받고 천국에 갈 수 있다

주 따르기

1. 본문을 적용하기

1) 본문에서 배운 것을 설명해 보아요.

(1) 본문에서 배운 말씀을 적어본다.

(2) 돌아가며 한 문장씩 말하거나 본문 말씀 전체의 줄거리를 말한다.

2) 본문에서 배운 것을 삶에서 순종해요.

(1) 확실한 천국 소망 갖기

(2) 복음에 합당한 빛과 소금의 삶을 통해 전도하기

(3) 스데반처럼 사람들을 용서하기

2. 요절 암송: 사도행전 7장 59-60절

그들이 돌로 스데반을 치니/ 스데반이 부르짖어 이르되/ 주 예수여 내 영혼을 받으시옵소서/
하고 무릎을 꿇고 크게 불러 이르되/ 주여 이 죄를 그들에게 돌리지 마옵소서/ 이 말을 하고 자니라

3. 기도하기

1) 기도 제목을 서로 나누어요.

2) 서로 나눈 기도 제목과 오늘 배운 것을 순종하기 위해 기도해요.

작은 씨앗 부록

모라비아의 선교사 조지 스미스의 이야기는 무척 감동적입니다. 그는 전 생애를 통하여 아프리카의 선교사가 되기를 원했고 그의 모든 행동은 그 목표를 이루려는 것이었어요. 마침내 그는 모든 준비를 마치고서 아프리카로의 항해에 올랐습니다. 그러나 아프리카에서 활동한 지 수개월 만에 그는 그 정부에 의해 국외로 추방되었습니다. 추방될 때까지 그는 겨우 한 사람만을 개심시켰을 뿐이었습니다. 그런데도 그는 자기가 사랑을 전파하러 갔던 아프리카를 위하여 무릎을 꿇고 기도하던 중에 젊은 나이로 죽고 말았습니다.

생각해 보십시오. 그의 모든 생애는 아프리카 선교준비를 위하여 소비되었습니다. 불과 수개월 동안의 아프리카 목회를 위해 준비만 하다가 젊은 나이에 죽고 만 것입니다. 그러나 백 년이 지난 후, 단지 한 사람에게 뿌려졌던 씨앗은 놀랍게도 13,000여 명의 아프리카인을 기독교인으로 변화시키는 역사를 만들었습니다.

제19과 새사람이 된 바울

주께 향하기

1. 기도하기

2. 일상생활 나누기: 우리 삶의 마음속 이야기를 나누어요.

3. 본문 살펴보기

1) 성경 내용을 소개하기: 인도자가 본문 전체의 줄거리를 간단하게 설명해요.
2) 성경 읽기: 사도행전 9장 1-22절, 2회 읽어요.
   교독(인도자, 참가자) → 혼자 읽기(중요하거나 감동 주는 낱말, 문장 줄긋기)
3) 역할을 정해 실감 나게 읽어요.

나레이션: 사울은 주님의 제자들을 위협하고 죽이려고 다메섹 여러 회당에 가져갈 공문을 청한 후 공문을 가지고 예수를 따르는 사람을 누구든지 결박하여 예루살렘으로 잡아 오려고 다메섹으로 향하여 가니라. 사울이 다메섹 가까이 가는데 하늘로부터 빛이 그를 둘러 비추자 그가 땅에 엎드리니라.

예수님: 사울아 사울아, 네가 어찌하여 나를 박해하느냐.

사울: 주여, 누구이시니까?

예수님: 나는 네가 박해하는 예수라.사울 너는 일어나 시내로 들어가라 네가 행할 것을 네게 이를 자가 있느니라.

나레이션: 같이 가던 사람들은 소리만 듣고 아무도 보지 못하여 말을 못 하고 있더라. 사울이 땅에서 일어나 눈은 떴으니 보지 못하고 사람의 손에 끌려 다메섹으로 들어가서 사흘 동안 보지도 못하고 먹지도 못하고 마시지도 아니하였느니라.

예수님: 아나니아야.

아나니아: 주여 내가 여기 있나이다.

예수님: 일어나 직가라 하는 거리로 가서 유다의 집에서 다소 사람 사울이라 하는 사람을 찾으라 그가 기도하는 중이니라. 그가 아나니아라 하는 사람이 들어와서 자기에게 안수하여 다시 보게 하는 것을 보았느니라.

아나니아: 주여 이 사람에 대하여 내가 여러 사람에게 듣사온즉 그가 예루살렘에서 주의 성도에게 적지 않은 해를 끼쳤다 하더니 여기서도 주의 이름을 부르는 모든 사람을 결박할 권한을 대제사장들에게서 받았나이다.

예수님: 가라 이 사람은 내 이름을 이방인과 임금들과 이스라엘 자손들에게 전하기 위하여 택한 나의 그릇이라. 그가 내 이름을 위하여 얼마나 고난을 받아야 할 것을 내가 그에게 보이리라.

아나니아: 사울아 주 곧 네가 오는 길에서 나타나셨던 예수께서 나를 보내어 너로 다시 보게하시고 성령으로 충만하게 하신다. 즉시 사울의 눈에서 비늘 같은 것이 벗어져 다시 보게 되었다. 사울이 일어나 세례를 받고 음식을 먹으매 강건하여지니라.

3) 중요한 낱말을 찾아보기

사울, 주의 제자, 위협, 살기, 다메섹, 빛, 박해, 환상, 아나니아, 이방인,
택한 그릇, 안수, 비늘, 강건, 당혹

3) 중요한 낱말을 찾아보기

사도행전 9장 15절

주께 배우기

1. 본문 이해를 위한 질문

1) 본문의 내용을 이해하기 위해 본문을 보고 사실 질문을 만들어요.
2) 본문에서 답을 찾아요.

번호	질문	답
1	사울이 다메섹으로 가려고 한 목적은 무엇입니까?	예수 그리스도를 따르는 사람을 만나면 남녀를 막론하고 결박하여 예루살렘으로 잡아오려 함이라
2	사울이 다메섹으로 가는 길에서 어떤 일을 만났나요?	홀연히 하늘로부터 빛이 그를 둘러 비추고 소리가 있었다.
3	사울은 땅에 엎드려 어떤 소리를 들었나요?	사울아 사울아 네가 어찌하여 나를 박해하느냐 하시거늘 대답하되 주여 누구시니이까 이르시되 나는 네가 박해하는 예수라 너는 일어나 시내로 들어가라 네가 행할 것을 네게 이를 자가 있느니라
4	사울은 직가의 유다 집에서 누구의 안수로 눈을 보게 되었나요?	아나니아
5	사울은 무엇을 위해 택한 그릇이라고 말씀하셨나요?	예수 그리스도 이름을 이방인과 임금들과 이스라엘 자손들에게 전하기 위하여 택한 나의 그릇이라 하심.
6	아나니아가 사울을 안수하자 사울은 어떻게 되었나요?	사울의 눈에서 비늘 같은 것이 벗어져 다시 보게 된지라 일어나 세례를 받고 음식을 먹으매 강건하여지니라

2. 본문 공감을 위한 질문

1) 본문에 나오는 인물이나 사건 등에 대한 생각이나 느낌을 묻는 질문을 만들어요.
2) 여러 질문 중에 한 질문을 선택해 생각이나 느낌을 쓰고 다 같이 서로 나눠요.

(1) 예수 믿는 사람들을 어떻게 하려고 다메섹을 가셨나요?
(2) 다메섹을 가다 빛이 둘러 비출 때 어떠셨나요?
(3) 예수님께서 사울아 사울아 어찌하여 나를 박해하느냐 하실 때 어떠셨나요?
(4) 예수님께서 나는 네가 박해하는 예수라는 말씀을 하실 때 심정이 어떠셨나요?
(5) 삼일 동안 아무것도 보지 못하고 먹지도 못할 때 마음이 어떠셨나요?
(6) 다시 눈을 뜨게 되었을 때 기분이 어떠셨나요?
(7) 예수 그리스도를 다메섹에서 증언할 때 마음이 어떠셨나요?

3. 본문 참여를 위한 질문

1) 성경 본문 내용 속에 참여해 보아요.
2) 내가 성경 속 사건을 만났거나 성경 속 인물이라면 어땠을지 만약에 라는 질문을 만들어 의견을 써 보아요.
3) 만든 질문의 의견을 보고 또 질문을 만드는 꼬리에 꼬리를 무는 질문을 만들어요.
4) 질문과 의견을 서로 나누어요.

Q1	만약에 내가 사울처럼 예수님을 만나지 않았다면 어떻게 살았을까?
의견	예수님을 믿지 않고 돈이나 명예를 좇아 욕심을 부리면서 불행하게 살고 있었을 것이다.
Q2	예수님을 믿지 못하고 살면 어떻게 될까?
의견	죄 문제를 해결하지 못해 구원받지 못하고 죄의 종으로 살고 있을 것이다.
Q3	구원받으면 왜 좋은가요?
의견	죄의 문제가 해결되고 천국에 갈 수 있어 죽음에 대한 두려움이 없어지고 하나님의 은혜에 항상 감사하고 기쁘게 살아가는 특권을 누리게 될 것이다.

주 따르기

1. 본문을 적용하기

1) 본문에서 배운 것을 설명해 보아요.

(1) 본문에서 배운 말씀을 적어본다.

(2) 돌아가며 한 문장씩 말하거나 본문 말씀 전체의 줄거리를 말한다.

2) 본문에서 배운 것을 삶에서 순종해요.

(1) 사울처럼 내가 받은 사명을 확인하고 확신하기

(2) 아나니아가 사울을 도운 것처럼 초신자들이 교회에 잘 정착할 수 있도록 돕기

2. 요절 암송: 사도행전 9장 15절

주께서 이르시되/ 가라 이 사람은/ 내 이름을 이방인과 임금들과 이스라엘 자손들에게/
전하기 위하여 택한 나의 그릇이라

3. 기도하기

1) 기도 제목을 서로 나누어요.

2) 서로 나눈 기도 제목과 오늘 배운 것을 순종하기 위해 기도해요.

제20과 베드로와 고넬료

주께 향하기

1. 기도하기

2. 일상생활 나누기: 우리 삶의 마음속 이야기를 나누어요.

3. 본문 살펴보기

1) 성경 내용을 소개하기: 인도자가 본문 전체의 줄거리를 간단하게 설명해요.
2) 성경 읽기: 사도행전 10장, 2회 읽어요.
   교독(인도자, 참가자) → 혼자 읽기(중요하거나 감동 주는 낱말, 문장 줄긋기)
3) 중요한 낱말을 찾아 빙고 놀이하기

고넬료	환상	기도
구제경건	상달	베드로
외모	성령	이방인

4) 중요한 문장을 찾기

사도행전 10장 4절, 34-35절, 43절, 44절

주께 배우기

1. 본문 이해를 위한 질문

1) 본문의 내용을 이해하기 위해 본문을 보고 사실 질문을 만들어요.
2) 본문에서 답을 찾아요.

※ 이 과의 이해를 위한 질문은 다음과 같이 게임으로 해요.

① A4용지 한 장을 접어 쪽지 8장을 만든다. 각 사람에게 4장의 쪽지를 나눠준다.
② 본문 성경을 보고 쪽지에 질문과 답을 적는다.
③ 쪽지를 모두 모아 가운데에 엎어놓고 순서를 정해 쪽지를 한 장씩 가져와 문제를 읽는다.
④ 문제를 듣고 답을 맞힌 사람이 쪽지를 가져간다.
동시에 맞히면 가위바위보 해서 이긴 사람이 가져갈지 줄지 결정한다.
⑤ 문제의 정답을 모두 모를 경우에는 문제를 읽은 사람이 답을 말하고 가져간다.

고넬료는 어떤 사람입니까? (경건하여 온 집안과 더불어 하나님을 경외하며 백성을 많이 구제하고 하나님께 항상 기도에 힘쓰는 사람)	환상 중 베드로가 본 것은? (큰 보자기 같고 네 귀를 매어 땅에 드리웠는데 그 안에는 땅에 있는 각종 네 발 가진 짐승과 기는 것과 공중에 나는 것들이 있음)
고넬료는 베드로를 어떻게 맞이했나요? (고넬료를 맞아 발 앞에 엎드리어 절함)	베드로가 고넬료 집에서 말씀을 전할 때 어떤 일이 있었나요? (성령이 말씀 듣는 모든 사람들에게 내려 왔음)

2. 본문 이해를 위한 질문

1) 본문의 내용을 이해하기 위해 본문을 보고 사실 질문을 만들어요.
2) 본문에서 답을 찾아요.

번호	질문
1	고넬료 주변 인물들은 고넬료에 대해 어떻게 생각했을까?
2	하나님은 고넬료의 기도와 구제를 보고 어떤 마음이 드셨을까?

3	하나님께서 베드로에게 각종 짐승과 공중에 나는 것을 잡아먹으라 하셨을 때 어떤 생각을 하셨을까요?
4	환상을 본 베드로와 고넬료는 서로를 어떻게 생각했을까?
선택 질문 번호	생각, 느낌
2	정말 고넬료는 경건하고 훌륭한 사람이고, 온 집안과 더불어 하나님을 경외하며 백성을 많이 구제하고 항상 기도하는 모습이 정말 흐뭇하다.

3. 본문 참여를 위한 질문

1) 성경 본문 내용 속에 참여해 보아요.
2) 내가 성경 속 사건을 만났거나 성경 속 인물이라면 어땠을지 만약에 라는 질문을 만들어 의견을 써 보아요.
3) 만든 질문의 의견을 보고 또 질문을 만드는 꼬리에 꼬리를 무는 질문을 만들어요.
4) 질문과 의견을 서로 나누어요.

Q1	만약에 내가 고넬료처럼 경건하게 살고 싶다면 어떻게 해야 할까?
의견	하나님께 항상 기도하고 많이 구제한다.
Q2	지금 돌보아 주는 사람이 있나요?
의견	외롭게 사시는 분께 전화를 가끔씩 해서 상황을 듣고 서로 기도해 주고 있으며 필요한 것을 갖다 드리고 있다. 네팔의 두 곳 고아원 아이들을 위해 돈을 보내고 있다. 친지와 이웃들을 섬기며 예수님을 믿도록 기도하고 있다.
Q3	앞으로 경건한 삶을 살기 위해 더 하고 싶은 일이 있나요?
의견	더욱 적극적으로 힘든 이웃을 찾아 돌봐 드리고, 있는 것을 나누는 삶을 살아야겠다. 믿지 않고 있는 가족들과 친지들을 더욱 적극적으로 섬겨서 예수님 사랑을 전해야겠다.

주 따르기

1. 본문을 적용하기

1) 본문에서 배운 것을 설명해 보아요.

(1) 본문에서 배운 말씀을 적어본다.

(2) 돌아가며 한 문장씩 말하거나 본문 말씀 전체의 줄거리를 말한다.

2) 본문에서 배운 것을 삶에서 순종해요.

(1) 항상 기도하기

(2) 주변의 어려운 이웃들을 많이 구제하기

2. 요절 암송: 사도행전 10장 34-35절

34 베드로가 입을 열어 말하되/ 내가 참으로 하나님은 사람의 외모를 보지 아니하시고/

35 각 나라 중/ 하나님을 경외하며 의를 행하는 사람은/ 다 받으시는 줄 깨달았도다.

3. 기도하기

1) 기도 제목을 서로 나누어요.

2) 서로 나눈 기도 제목과 오늘 배운 것을 순종하기 위해 기도해요.

제21과 간수의 가족을 전도한 바울과 실라

주께 향하기

1. 기도하기

2. 일상생활 나누기: 우리 삶의 마음속 이야기를 나누어요.

3. 본문 살펴보기

1) 성경 내용을 소개하기: 인도자가 본문 전체의 줄거리를 간단하게 설명해요.
2) 성경 읽기: 사도행전 16장 16-40절, 3회 읽어요.
교독(인도자, 참가자) → 혼자 읽기(중요하거나 감동 주는 낱말, 문장 줄긋기)
3) 중요한 낱말을 찾아보기

기도, 귀신 들린 여종, 하나님의 종, 바울, 귀신, 수익, 소망, 풍속, 바울과 실라,
하나님을 찬송, 지진, 간수, 구원, 세례, 로마

4) 중요한 문장을 찾기

사도행전 16장 31절

주께 배우기

1. 본문 이해를 위한 질문

1) 본문의 내용을 이해하기 위해 본문을 보고 사실 질문을 만들어요.
2) 본문에서 답을 찾아요.

번호	질문	답
1	바울과 실라가 기도하는 곳에 가다가 만난 점치는 귀신 들린 여종은 점으로 주인에게 어떻게 했나요?	주인들에게 큰 이익을 주었다.
2	귀신들린 여종이 뭐라고 했나요?	소리 질러 이르되 이 사람들은 지극히 높은 하나님의 종으로서 구원의 길을 너희에게 전하는 자라

3	그 귀신에게 이르되 예수 그리스도의 이름으로 내가 네게 명하노니 그에게서 나오라 하니 어떻게 되었게 되었나요?	귀신이 즉시 나옴
4	여종의 주인들은 자기 수익의 소망이 끊어진 것을 보고 바울과 실라를 붙잡아 어떻게 했나요?	고발하니 깊은 옥에 가두었음
5	옥에 갇힌 바울과 실라는 무엇을 했나요?	한밤중에 바울과 실라가 기도하고 하나님을 찬송
6	지진이 나자 간수가 자결 하려고 할 때 네 몸을 상하게 하지 말라 하자 그들을 데리고 나가 이르되 선생들이여 내가 어떻게 하여야 구원을 받으리이까 하니 뭐라고 했나요?	주 예수를 믿으라 그리하면 너와 네 집이 구원을 받으리라

2. 본문 공감을 위한 질문

1) 본문에 나오는 인물이나 사건 등에 대한 생각이나 느낌을 묻는 질문을 만들어요.
2) 여러 질문 중에 한 질문을 선택해 생각이나 느낌을 쓰고 다 같이 나눠요.

번호	질문
1	귀신 들린 여종이 귀신이 나가 돈을 벌지 못하자 그 주인들은 어떤 마음이 들었나요?
2	죄도 없이 예수님 때문에 옥에 갇힌 바울과 실라는 어떤 생각을 했을까?
3	간수들은 지진이 나도 도망가지 않은 바울과 실라를 보고 어떤 마음이 들었을까?
선택 질문 번호	생각, 느낌
2	한 영혼을 귀신으로부터 해방 해줌에 사람들이 감사하지 않고, 돈을 벌 수 없다는 이유로 바울과 실라를 고발한 너무 슬픈 사실에 그들은 가슴이 아팠을 것이다.

3. 본문 참여를 위한 질문

1) 성경 본문 내용 속에 참여해 보아요.
2) 내가 성경 속 사건을 만났거나 성경 속 인물이라면 어땠을지 만약에 라는 질문을 만들어 의견을 써 보아요.
3) 만든 질문의 의견을 보고 또 질문을 만드는 꼬리에 꼬리를 무는 질문을 만들어요.
4) 질문과 의견을 서로 나누어요.

Q1	만약에 내가 바울과 실라처럼 죄도 없이 감옥에 갇혔다면 어떻게 했을까?
의견	처음에는 너무 속상 해 할 것 같다. 어떤 상황에서도 감사하고 하나님을 찬송해야 하는 줄은 알지만 힘든 일이 일어나면 바로 감사하고 주님을 찬양하지 못하고 차차 시간이 흐르면 모든 상황에서도 감사를 하게 된다.
Q2	어떻게 하면 모든 상황에서 감사하고 주님을 찬양할 수 있을까?
의견	내 눈에 보이는 것은 실패이고 고통인 것 같지만 주께서 나를 인도하시는 모든 방법은 나에게 가장 좋은 것임을 확실히 믿을 때 어떤 상황에서도 감사하고 찬양할 수 있다. 또 삶에서의 경험을 돌이켜보며 그때 당시는 힘들었으나 그것이 가장 좋은 길이었음을 깨달았던 경험들이 쌓일 때 가능한 것 같다.
의견	앞으로 만나는 모든 상황에서 하나님을 찬양할 수 있을까?
Q3	지난 세월보다 더 많이 여러 가지 상황에서도 하나님을 신뢰하며 찬양할 수 있을 것 같다. 그리고 잠시 힘들더라도 하나님을 찬양하고 감사하는 태도로 빨리 전환할 수 있으리라 생각한다.

주 따르기

1. 본문을 적용하기

1) 본문에서 배운 것을 설명해 보아요.
(1) 본문에서 배운 말씀을 적어본다.

(2) 돌아가며 한 문장씩 말하거나 본문 말씀 전체의 줄거리를 말한다.

2) 본문에서 배운 것을 삶에서 순종해요.

(1) 주님 일을 하다 어려움을 만날 때 절망하지 말고 기도하고 찬송하기

(2) 어떤 상황에도 하나님을 원망하지 하지 않기

(3) 때로는 힘든 상황을 통해 일하시는 하나님을 볼 수 있는 눈을 갖기

2. 요절 암송: 사도행전 16장 31절

이르되 주 예수를 믿으라/ 그리하면 너와 네 집이/ 구원을 받으리라 하고

3. 기도하기

1) 기도 제목을 서로 나누어요.

2) 서로 나눈 기도 제목과 오늘 배운 것을 순종하기 위해 기도해요.

요절 외우기 Tip

포스트잇에 요절을 적어 잘 보이는 곳에 두고 외운다. 포스트잇에 쓴 요절을 스마트폰으로 사진 찍어 sns등에 올려 수시로 보고 외운다. 문장 전체를 한꺼번에 외우기보다 끊어서(/) 반복하여 외우고, 오감을 활용하여 상상하며 외우면 쉽고 오래 기억이 남는다.

제22과 새 하늘과 새 땅

주께 향하기

1. 기도하기

2. 일상생활 나누기: 우리 삶의 마음속 이야기를 나누어요.

3. 본문 살펴보기

1) 성경 내용을 소개하기: 인도자가 본문 전체의 줄거리를 간단하게 설명해요.
2) 성경 읽기: 누가복음 19장 1-10절, 3회 읽어요.
   교독(인도자, 참가자) → 혼자 읽기(중요하거나 감동 주는 낱말, 문장 줄긋기)
3) 중요한 낱말을 찾아 빙고 놀이하기

새 하늘	새 땅	거룩한 성
예루살렘	신부	남편
사망	눈물	어린 양

예) 하나님의 영광 / 열두 문, 보석, 열두 사도, 만국, 영광과 존귀, 생명책, 생명수의 강, 왕 노릇

4) 중요한 문장을 찾기

요한계시록 21장 3- 4절, 22장 5절

주께 배우기

1. 본문 이해를 위한 질문

1) 본문의 내용을 이해하기 위해 본문을 보고 사실 질문을 만들어요.
2) 본문에서 답을 찾아요.

※ 이 과의 이해를 위한 질문은 다음과 같이 게임으로 해요.

① A4용지 한 장을 접어 쪽지 8장을 만든다. 각 사람에게 4장의 쪽지를 나눠준다.
② 본문 성경을 보고 쪽지에 질문과 답을 적는다.
③ 쪽지를 모두 모아 가운데에 엎어놓고 순서를 정해 쪽지를 한 장씩 가져와 문제를 읽는다.
④ 문제를 듣고 답을 맞힌 사람이 쪽지를 가져간다.
동시에 맞히면 가위바위보 해서 이긴 사람이 가져갈지 줄지 결정한다.
⑤ 문제의 정답을 모두 모를 경우에는 문제를 읽은 사람이 답을 말하고 가져간다.

어떤 사람들이 새 하늘과 새 땅을 상속 받나요? (이기는 자)	하나님과 및 어린 양의 보좌로부터 나오는 것은 무엇인가요? (생명수의 강)
거룩한 성 새 예루살렘은 무엇을 비유하나요? (어린양의 신부)	둘째 사망은 어떤 자들의 것이며 어디로 가나요? (두려워하는 자들과 믿지 아니하는 자들과 흉악한 자들과 살인자들과 음행하는 자들과 점술가들과 우상 숭배자들과 거짓말하는 모든 자들은 불과 유황으로 타는 못에 던져짐)

2. 본문 공감을 위한 질문

1) 본문에 나오는 인물이나 사건 등에 대한 생각이나 느낌을 묻는 질문을 만들어요.
2) 여러 질문 중에 한 질문을 선택해 생각이나 느낌을 쓰고 다 같이 나눠요.

번호	질문
1	새 하늘과 새 땅이 어떻게 생겼을까?
2	새 하늘과 새 땅에서 하나님과 함께 살면 얼마나 좋을까?
3	하나님 나라에서 세세토록 왕 노릇 하며 누리는 삶은 얼마나 좋을까?
선택 질문 번호	**생각, 느낌**
3	생명수, 열두 가지 열매를 맺는 생명나무, 저주가 없고 아픔과 눈물이 없고, 사망이나 애통이 없는 새 하늘과 새 땅에서 하나님과 어린 양 예수님과 함께 하는 삶에서는 말로 형언할 수 없을 만큼 좋을 것이다.

3. 본문 참여를 위한 질문

1) 성경 본문 내용 속에 참여해 보아요.
2) 내가 성경 속 사건을 만났거나 성경 속 인물이라면 어땠을지 만약에 라는 질문을 만들어 의견을 써 보아요.
3) 만든 질문의 의견을 보고 또 질문을 만드는 꼬리에 꼬리를 무는 질문을 만들어요.
4) 질문과 의견을 서로 나누어요.

Q1	만약에 내가 새 하늘과 새 땅에 간다면 무엇이 제일 좋을까?
의견	제일 좋은 것을 순서로 정할 수 없을 것 같다. 어떤 위치 상황이든 하나님 나라에 가기만 하면 모든 것이 좋을 것 같다.
Q2	새 하늘과 새 땅은 어떻게 들어갈까?
의견	예수님을 믿는 자, 예수님을 구주로 영접한 자, 이기는 자로 생명책에 이름이 있는 자.
Q3	하나님 나라를 상속받을 자 이기는 자로 이 땅에서 어떻게 살아야 할까?
의견	예수님을 나의 구주로 영접하고 그의 나라와 그의 의를 구하는 삶을 산다. 하나님 사랑 이웃 사랑을 실현하고 사람들에게 복음을 전한다. 주님과 늘 교제하는 삶을 산다.

주 따르기

1. 본문을 적용하기

1) 본문에서 배운 것을 설명해 보아요.

(1) 본문에서 배운 말씀을 적어본다.

(2) 돌아가며 한 문장씩 말하거나 본문 말씀 전체의 줄거리를 말한다.

2) 본문에서 배운 것을 삶에서 순종해요.

(1) 새 하늘과 새 땅의 소망을 가지고 기쁘게 살기

(2) 새 하늘과 새 땅을 사람들에게 소개하기

(3) 새 하늘과 새 땅에 합당한 거룩한 삶을 모든 삶의 영역에서 살도록 기도하고 살아내

2. 요절 암송: 요한계시록 21장 6-7절

6 또 내게 말씀하시되/ 이루었도다 나는 알파와 오메가요/ 처음과 마지막이라/

내가 생명수 샘물을 목마른 자에게 값없이 주리니

7 이기는 자는/ 이것들을 상속으로 받으리라/ 나는 그의 하나님이 되고/ 그는 내 아들이 되리라

3. 기도하기

1) 기도 제목을 서로 나누어요.

2) 서로 나눈 기도 제목과 오늘 배운 것을 순종하기 위해 기도해요.